平凡社新書
904

親を棄てる子どもたち

新しい「姨捨山」のかたちを求めて

大山眞人
ŌYAMA MAHITO

HEIBONSHA

親を棄てる子どもたち●目次

第3章　親を棄てられなかったわたし……105

はじめに

　家族関係が崩壊しているということは、さまざまなマスコミをとおして認識していたつもりでいた。しかし、現実には、目の前に突きつけられない限り実感しないものである。わたしは、家族関係、とくに「親と子の関係の崩壊」をみせつけられた〝事件〟を多く体験した。

　わたしが住む公営住宅の集会所を借りて、「サロン幸福亭」という高齢者の居場所を開設したのは、平成二〇（二〇〇八）年八月のことであった。その後、公営住宅に隣接するＵＲ（都市再生機構）の空き店舗を借り、名称も「サロン幸福亭ぐるり」と改名して五年前に再出発した。公営住宅の集会場ではさまざまな制約があり、自分が考えている「地域のコミュニティサロン」（たとえば、毎日オープンするなど）

を実現するには不向きと考えたからだ。この夏（二〇一八年）で実質一〇年を数える。その間、延べ三万人を超える来亭者があり、三〇人を超す常連客が鬼籍に入られたり、施設への入居などで去っていった。

二年前からスタッフがそろい、ようやく「毎日開けること」が可能になった。居場所は開いているときに利用するものではなく、来たいと思ったときに開いているものだと思っている。街なかにある喫茶店のようなものだ。一部、公的な支援を受けているとはいえ、ここは基本的にわたしが運営する「個人運営の居場所」だと認識している。「利用規約」はあるものの、限りなくゆるい。

全国的に「親を棄てる子どもたち」が急増しているかどうかは不明だが、少なくとも運営する「サロン幸福亭ぐるり」に来る人たちの周囲では、目立つのである。一〇年も運営していると、地域の様子がよくみえてくる。周囲が五階建てから一四階建ての中・高層の集合住宅ばかりなので、毎年、数件の飛び降り自殺がある。（非公表ながら）高齢者の孤独死もある。他にもＤＶ（家庭内暴力）、親や子どもへのネグレクト、虐待などが目につく。

ここ数年、新しく福祉全般（介護、貧困、医療などさまざま）に関する「よろず相談」「子ども食堂」などを開設した。両者とも利用者数の増加が顕著である。それだけ公的なセーフティネットが求められている証だと思う。これもすべて社会福祉協議会と連携することで、周囲に潜在化していた〝非日常〟が顕在化したといえる。「子が親を棄てる」という新聞でしか知り得ないような〝事件〟を目の前に突きつけられ、具体的に「支援するか、しないか」という決断を迫られたのは、間違いなく社会福祉協議会と連携することに決めてからだった。社会福祉士で、生活支援コーディネーターをしていた主任介護支援専門員のYさん（以下、「Y相談員」）との出会いがすべてのはじまりである。

わたしの特技は、「思い立つ前にやる」「やりながら考える」だと思っている。前身の「サロン幸福亭」の開設も、拙著『団地が死んでいく』（平凡社新書　平成二〇年）の編集長（当時）だったI氏との打ち上げでの席上、「全国的なジャーナリストもいいけど、地域のジャーナリストもいいものですよ」と勧められ、真意を問うたところ、「評論家もいいですが、そこまでおっしゃるのなら、実際に高齢者の居場所を自分の手で立ちあげてみてください」といわれ、酔いも手伝って「やりましょう」と即答した。そして出版の四ヶ月後には「サロン幸福亭」を立ちあげた。

さらに、「子が親を棄てる事件」に積極的に関わることができたのも、Y相談員に、「常連さんでしょう。放っておけますか」と問われたからだ。実際、手がけてみて、「親と子」の関係が稀薄どころか崩壊しつつあることに、はじめて気づかされ唖然とした。

「なぜ、子が親を棄てるのか」、そこには「棄てるようなことになった」原因や理由が必ずあるはずである。それを解明していくことで、現在、家族が抱えている多くの問題が浮き彫りにされると思う。昔日のように濃密な親子関係の再構築は不可能にしても、「新しい親と子の関係」を模索すべきだろう。

なお、本文に登場する人物、出来事（〝事件〟）、状況などは、複数の事例をひとつにまとめて記述しているものもあります。また特定の人物を描いているものではありません。

第1章　実の子が親を棄てていく

同じ話ばかりする要蔵さん

わたしが運営する「サロン幸福亭ぐるり」（以下「ぐるり」）の常連に、中井要蔵さん（九三歳）と妻の吉乃さん（八八歳）がいる。中井夫婦（ともに仮名）が「ぐるり」の常連になったのは、四年ほど前（平成二六〔二〇一四〕年）のことであった。

ある日、サロンを閉めようとした矢先に要蔵さんが飛び込んできた。要蔵さんの実家は東京の下町で、印刷業を営んでいた。だが、戦時中に空襲で工場は焼失し、両親は焼死したという。

要蔵さんは大学の法学部を修了し、戦後、GHQ（連合国軍最高司令官総司令部）関係の仕事をしたあと、その英語力と情報収集力を買われて、企業のコンサルタント的な仕事をしていたらしい。いくつかの企業と契約を結び、全国を渡り歩く一匹狼的な存在だったという。「組織で動くのがわずらわしくて」というのが口ぐせで、稼いだカネは、その日のうちに使い果たしたという。吉乃さんと結婚してからも放蕩的な生活ぶりに変化はなく、当然、国民年金には未加入のままだった。このことが、あとあと老後の生活に深い影を落とすことになる。

「ぐるり」の常連になってからは、父親が好きだったという東海林太郎の『人生航海』を好んで口ずさんだ。「女の魅力は後ろ姿。それもお尻だね。今の娘のように細くて締まっているのはだめ。ふっくらと豊かでないと女ではない」といい、うれしそうに目を細めながら両方の手を合わせて丸くくぼみをつくり、示した。


要蔵さんの言動がおかしいと感じるようになったのは、常連として出入りするようになってから半年後のことである。

その日の「ぐるり日記」には、「最近、同じ話を繰り返す」とある。千葉の房総の勝浦で、駐留軍のチャーリーに遭遇し、中野の自宅に招かれて上等な背広をプレゼントされた話。新宿の武蔵野館（映画館）で、横になっているだけの裸体を鑑賞した話。立川基地で、「懇意にしている女優を紹介する」と英語でいって、引っかかった若い米兵を数人で痛めつけた話――。

連日、同じ話を繰り返されると正直きつい。たまに、「房総の勝浦じゃなく、那智勝浦じゃなかった?」とちゃかしても、「いや、房総の勝浦だ」と的確に応える。とにかく、なにごとに対しても自説を曲げない。

常連が亡くなったときのこと。その偲ぶ会の席上、色紙に寄せ書きを頼んだ。要蔵さんは色紙に、「まだ死にたくありませんので、色紙に書くことは何もありません」と書いた……。

「お尻美人」が去ってから……

要蔵さんは無年金である。妻である吉乃さんの、わずかばかりの年金とズボンの裾直しや簡単な繕い物などの内職で生活は支えられている。無収入の頑固な夫を支える献身的な妻といえる。その吉乃さんが血相を変え、「お父さんの自転車が盗まれた」と「ぐるり」の扉を開けて入ってきたことがあった。三年前(平成二七年)の夏ごろのことである。それまでも自転車の盗難のことを吉乃さんは再三口にしていた。

わたしは密かに自転車盗難事件のことを、「お尻美人の事件簿」とつけて記録した。「歳だから自転車に乗るのは止めたほうがいいよ」といっても、要蔵さんは聞く耳を持たない。とにかく再三盗難に遭うのである。それが二、三日後には盗まれたはずの自転車に乗っている要蔵さんをみかける。聞いてみた。

「自転車に乗ってどこに行くの？」

「駅前」

「駅前にある公園か――」

公園のベンチに座り、好きなたばこをくゆらせながら日がな一日過ごす。わたしも一度目撃したことがあった。でも、駅前には駐輪場がない。駅前にある公園まで自転車で行き、乗り捨てたまま帰宅すれば、盗難に遭いみつかることは稀だ。だが要蔵さんの自転車は、これまでも必ずみつかり、彼の手元にもどってくる。不可解きわまりない。

後日、判明したことなのだが、要蔵さんは一度も自転車の盗難に遭っていなかったのだ。午前中に自転車で駅前の公園に行き、そこでたばこを楽しむ。午後には公園近くにある行きつけの中華屋で食事を済ます（昼食抜きのことのほうが多いのだが）。それから、以前に中井夫妻が住んでいた駅前にあるＵＲ団地の事務所に行き、女性の団地マネージャーと話をする。沖縄出身の彼女は、要蔵さんの大好きな「お尻美人」である。十分に話すとＵＲの駐輪場に置いた自転車で帰宅する。

要蔵さんの自転車盗難事件が多発するようになったのは、「お尻美人」が両親の介護のため退職し、沖縄に帰ったあとからだった。

つまり、こういうことだ。いつものように駅前の公園でたばこを楽しんだあと、ＵＲの「お尻美人」に逢うために事務所に立ち寄る。しかし、そこに彼女の姿はない。しばらく事務所の前でたたずんだあと、寂しさから自転車のことを忘れてしまうのか、バスで帰宅する。つまり、盗まれたのではなく、ＵＲの駐輪場に置き忘れただけなのだ。

翌日、現在住んでいる（「ぐるり」がある）ＵＲの駐輪場に行くと自転車がない。盗まれた！　となる。仕方なくバスで駅前の公園に行き、たばこタイムのあと、駅前ＵＲの事務所へ。「お尻美人」はいない。前日に、駅前ＵＲの駐輪場に置いた自転車で帰宅する。翌日、自宅の駐輪場に自転車はある。「盗難自転車を発見！」となる。これの繰り返しなのである。要蔵さんの認知症が急速に進んだと感じられるようになったのは、「お尻美人」の退職と見事にリンクした。不可解な行動をする要蔵さんをみることになったのは、それからである。

そんなある日、自転車がみつからないので、「ぐるり」のスタッフからバス代を借りたことがあった。後日、スタッフが請求すると、「借りた覚えはない」という。なおも迫ると、「おまえは俺が呆《ぼ》けたとでもいうのか！」と激怒した。こうしたことが繰り返された。一万円札と千円札の区別がつかないこともたびたび起きた。「カネがない」を連発するので、「ぐるり」の運営費の予備費を利用して「中井基金」を設け、一日千円（最低限の生活ができると判断）をめどに（生活保護費の受給を条件として）貸しつけをした。究極の禁じ手である。しかし、これさえも返金をとどこおらせ、借金そのものを失念した。「待ったなし」と判断し、社会福祉協議会のＹ相談員に話をした。

おカネの管理もままならない

「まずは、生活保護の申請と介護保険を受けるための認定検査が急務」とY相談員はいった。要蔵さんは、「この歳ではお国に返済ができない。返済できないカネを受け取るのは忍びない」と――。

一度、Y相談員と一緒に中井家を訪問した。おそらく家のなかのどこかにカネを忘れていると推測したからだ。家のなかは片付けられており、居間も寝室も風呂場もきれいに使われている。冷蔵庫も整頓され、昨晩につくられたとおぼしき煮物が少量、残された入れ物が目についた。

カネはみつからなかったが、愛用のポシェットから要蔵さん名義の銀行の預金通帳と判子がでてきた。通帳の中身を調べはじめたY相談員が突然、わたしに向かって目配せし、部屋の片隅で通帳をみせた。そこには「生活保護費」の記載があった。生活保護受給者だったのである。ただ単に、受給していたことを忘れていただけなのだ。

生活保護費の受給の確認と、中井夫妻の生活の現状報告のため、ふたりを車に乗せ、市の生活保護の窓口に出向いた。生活保護費の振り込みは月はじめである。ためしに市庁舎にあるＡＴＭで要蔵さんに生活費を引きだしていただいた。要蔵さんはためらうことなく、暗証番号の四桁の数字を押し、現金を引きだしたのである。まるで「数字の記憶と認知症とは無関係である」と思わせるようなスムーズな対応に、わたしは驚いた。問題は、引きだしたカネをすべて要蔵さんが管理してきたということであった。さらにあとになって分かったことだが、吉乃さんの年金もまた要蔵さんが管理し、引きだしては勝手に使っていた。吉乃さんは、ゆうちょ銀行の通帳を持っているだけなのだ。

その後、「年金が振り込まれていない」という吉乃さんの言葉を受け、一緒に、近くのゆうちょ銀行のＡＴＭにでかけた。外で待っていると、「やり方が分からない」というのでカードを求めるものの、「カードはお父さんが持っている」の一点張りだった。

実は、吉乃さんはＡＴＭにきたことすらなかったのだ。合点がいかないが、とりあえず記帳だけでもしてみた。残高はわずか四四円。カードを持っている要蔵さんが、現金を引きだしたあと通帳に記帳しようとしない。通帳は吉乃さんの手元にあるのだから、そもそも記帳は無理なのである。吉乃さんは通帳に残された四四円という数字をみて首をかしげるばかりであった。とにかく、ふたりの行動は理解に苦しむものだった。

こうしたことが頻発した。引きだし役の要蔵さんの財布におカネが入っていない。というより、要蔵さんは基本的に財布を持たない。ズボンの左側のポケットが彼の財布なのである。無造作につっこむだけだから、落とす危険はおおきい。「危険だから財布を持てば」と新しい財布をプレゼントし、そのなかに引きだしたばかりの現金を入れたものの、もともとカネを財布に入れるという習慣がないので、家のどこかに財布をおけば、すぐさま全財産が消えてしまうことになる。自分の財布のなかに印鑑、通帳、カードを入れる習慣だけはあるから、始末に負えない。さらに、財布を入れたポシェットを、食堂に忘れ、バスのなかに忘れ、あろうことか銀行の窓口にまで忘れるようになっていった。

その都度、民生委員やわたしが要蔵さんを連れて警察や銀行にでかけた。どこでも本人証明の確認書類の提出で手間取った。大袈裟ではなく、一時期、連日のように中井夫妻に翻弄された。正直、わたしの仕事時間にも支障をきたしはじめた。執筆するための資料に目を通したり、必要な講演会にでかけたり、取材する時間も気力も失せていった。

ある日、身内がいると聞いていたので、身内（三人の子どもたち）からの援助を勧めてみたものの、「どうせあいつらはなにもしてくれない」と嘆いた。しかし、その日から、頻繁に子どもたちの話をするようになった。わたしは子どもたちに頼りたい気持ちを失っていないと感じた。

夫婦そろって認知症と認定される

とりあえず生活保護は受給していたので、「介護認定が最優先課題」というY相談員の申し出に従い、Y相談員と「介護認定」を受けさせるための工程表を作成した。

「どこにも異常はない」「認知症ではない」と信じているふたりは、当然、介護認定を受けていない。介護保険のなんたるかさえ分からない。本来、勧めるべき家族が、そのように動いたという気配がまるで感じられないのである。

介護認定がされないと、介護保険によるさまざまなサービスを受けることができないし、施設への入所もスムーズにはいかない。まず、介護認定を受けるために病院での検査が必要だった。

「どこも悪くないのだから病院に行く必要がない」と主張する要蔵さんに、病院行きを決断させるには、どうしてもわたしの「詐欺師的能力」を必要とした。社協の相談員などの公的な組織の人間は、動ける範囲が規則により限定されている。「ぐるり」の代表・亭主という肩書きではなく、「中井夫妻の知り合い」という立ち位置が必要とされた。知り合いなら、社協の規制度に比べ、自由度が高い。

大学の先輩にあたる要蔵さんに、「先輩、後輩に恥をかかせないでください。それに生活保護費を受給するためには、毎年、身体検査をして報告する義務があるんです。それを怠ると、生活保護費がもらえなくなってしまうんです。もらえなくなっていいんですか？」と説き伏せる。カネに執着する気持ちを失っていない要蔵さんには効果テキメンだった。

ようやくのことで、ふたりを病院に連れだすことに成功した。問診などのあとに脳のＣＴを撮った。後日、担当医の診断（これも連れだすのにひと苦労）があり、ふたりともかなり進行した「アルツハイマー型認知症」と診断された。主治医の「ここまで進行しているのに、よく生活が維持できていましたね」という言葉が印象的だった。

要蔵さんは「お茶も入れられない」ほどの家事（生活全般）音痴だった。食事の準備から洗濯・掃除まですべて吉乃さんが担っていた。吉乃さんは〝妻〟として〝夫〟にかしずくことに疑問を持たずに、六〇年以上も生活をともにしてきたのだ。吉乃さんの日常生活が完璧なまでにルーティーン化されていたため、かなり進んだ認知症でも、日常生活をこなすことが可能であったのだと思う。

診断の最後に、「アリセプト（抗認知症薬）をだしておきましょう」と話す主治医の言葉にわたしは一抹の不安を覚えた。アリセプトの副作用は、下痢である。高齢者の場合、消化器官の機能低下による脱水症状と食欲不振のため、著しく体調を壊す場合があるという。

改めて部屋を訪ねてみると

その不安はすぐに現実のものとなった。平成二九(二〇一七)年、年が明けてすぐの朝に、Y相談員とケアマネージャー(以下、ケアマネ)を伴って「要介護の認定」の問診のため、ふたりの部屋を改めて訪ねた。しかしブザーを押すが、返事がない。ブザーをみると、通電確認のランプが点灯していない。「ブレーカーが落ちている」と判断し、玄関扉を激しく叩きながら、新聞受けの穴から大声で叫んでみたが、反応がない。五分、一〇分……。どうすべきか――。

今後のことを検討するため、一度「ぐるり」にもどる。多忙なケアマネにはひとまずお引き取りを願った。不安がよぎり、わたしはURの管理事務所にいき、合い鍵の有無を確認する。だが、「鍵は預からない決まりです。入室方法は、管理会社の本部に連絡し、本部から最寄りの警察署に連絡。警察官立ち会いのもと、鍵を壊して入るしかありません。当然、弁償していただきます」というばかり。

わたしは覚悟を決めた。110番する前に、再度、家の扉をよりいっそう激しく叩き、さっきよりも大声で叫んだ。するとなかから反応があった。かすかだが声が聞こえる。「中井さん!」。その声が少しずつ大きくなり、やがて解錠する音がして扉が開いた。

そこに下着姿の要蔵さんが悄然《しょうぜん》とたたずんでいた。予想どおり部屋の明かりはついていない。どこか様子が変だ。股引が濡れている。トイレに通ずる廊下も濡れたままだ。Y相談員が容態を把握するため部屋に入る。吉乃さんは寝室で寝ているようで、起きてこない。その間、わたしが要蔵さんから話を聞く。数日前から下痢に悩まされ、食欲もなく、体力が落ちて歩くのもおぼつかなかったそうだ。昨夜、つまずいて頭を壁にぶつけて転んだという。額が赤く腫れている。「アリセプトのせいだ」と直感した。

とりあえず要蔵さんをトイレに誘導し、用を足させてから着替えを探すがみつからない。要蔵さんは「おい、俺の下着はどこにある」と強い調子で寝たままの妻にいう。亭主関白の要蔵さんの本当の姿をみた気がした。

わたしは吉乃さんから教えられた和箪笥から下着をとりだし着替えさせた。吉乃さんの容態は、腰から腹にかけて痛みがあるという。どうするべきか……。

Y相談員が市の関係部署に連絡し、判断を仰いだ。「救急車で搬送」という結論に至り、嫌がる吉乃さんを説得して119番した。救急隊員が到着し、容態を問診した。問題は要蔵さんの処遇である。このまま要蔵さんをひとりにするわけにはいかない。救急隊員に相談し、要蔵さんも同道させることに決めた。要蔵さんはわたしの話には従うため、わたしも同乗する。救急車に乗るのははじめてのことだった。

Y相談員は車で救急車のあとを追う。

受け入れを了承してくれた救急病院に到着し、吉乃さんはすぐにストレッチャーで診察室へ運ばれた。その間、Y相談員は受付へ。わたしは待合所で要蔵さんの話し相手となる。ほどなくして車いすに乗せられた吉乃さんが現れる。検査の結果は「まったくの異常なし」で、腰痛などの痛みの原因は分からないということであった。しばらくベッドで安静にして、ついでに要蔵さんの頭部をCTで調べるものの、過去に発症したいくつかの小さな脳梗塞の痕以外はみつからない。

不思議なことに、ベッドから起きてきた吉乃さんが、何ごともなかったかのようにスタスタと歩きだした。「痛くないの？」と聞くと、「何が？」という顔をする。痛みは消え去ったらしい。

15アンペアではブレーカーが持たない！

その後、入院することもなく、ふたりをY相談員の車に乗せて帰宅した。だが、自宅のあるURの正面玄関から入ろうとすると、ふたりはそれをためらうのだ。

ようやくのことでエレベーターに乗せ、部屋のある四階に着き、扉が開いて第一歩を踏みだしたとたん、「ああ、ここだ、ここだ」と叫んだのである。普段、エレベーターを降りたふたりは、駐輪場を通って裏口から出入りしていたのだ。認知症と診断されたふたりが正面玄関から入るのは、入居時以来のことなのだろう。

部屋に入ると、吉乃さんは、三人にお茶を入れるためにキッチンでお湯を沸かす。彼女の後ろ姿に病人という感じはない。「テレビが映らない」と要蔵さんがいう。

そういえばブレーカーが落ちたままだった。

玄関先にあるブレーカーを元に戻すと、部屋の電灯はつくものの、テレビが映らない。URは有線放送だと聞いている。テレビの裏側をみると、有線用のコードが抜けている。付近を探すが見当たらない。隣室を探すと、吉乃さんがかつて使用していた愛用の工業用ミシンの上に載せられていた。

結線し、スイッチを入れる。テレビが映った。トランプ大統領が何かを叫んでいる。要蔵さんがそれに見入る。「寒い！」というので、電気ストーブのスイッチも入れる。電気ストーブの発熱しはじめた橙《だいだい》色をみるだけで、心が温かくなる。だが、次の瞬間、部屋の明かりが一斉に消えた。再びブレーカーが落ちたのだ。

電気ストーブにテレビ、冷蔵庫に電子レンジ——。普通、どこの家庭にでもある電化製品を同時に使用しても、ブレーカーが落ちるようなことはない。不安になり、ブレーカーのアンペア数をみて驚いた。そこには15A（アンペア）の文字。このURは築三六年。当時は、このアンペア数で十分だったのだ。しかし、現在の電化製品を利用するには少なすぎる。ふたりはアンペア数をあげるという考えには至らなかったのだろう。

またも不安がよぎった。ブレーカーがある場所は、玄関の天井近くのため、ふたりの手は届かない。椅子を利用することも可能だが、足腰の弱っているふたりには、とても無理な話である。この厳冬期、暖をとれない寒さのなかで、震えながら暮らしていたのだろうか……。Y相談員が、ふたり分の夕食をつくり、中井家を後にした。

「これからどう見守ればいいのか」。わたしにも分からなかった。そしてまた〝事件〟が起きた。

たとえ、身内がいたとしても

病院から帰宅した二日後に再び、吉乃さんの容態が急変し、救急搬送された。今回は要蔵さんは自宅待機になり、わたしが付き添った。吉乃さんの症状は前回と同じ「腰と腹の周りの痛み」である。今回は医療設備の整った大きな病院に搬送され、最新医療器機を使って、全身をくまなく診察した。しかし、今回もまた診察結果は

「異常なし」となった。

病人でない人を入院させることはできず、結局、前回搬送された救急病院を説得して入院させた。本人には「医療設備の完備したホテル」と説明し、納得してもらった。不思議なことに、以前と同様、痛みなどはじめからなかったかのように生活したという。

問題は、「家事能力ゼロ」の要蔵さんである。彼をひとりで自宅に残すことはできない。かといって、まだ介護認定の下りていない人を、施設に預けることも簡単にはいかない。

社協の調べで、夫妻には長女と次女、それに長男がいることが判明した。北海道にいる長女は嫁ぎ先の両親を自宅で介護しており、時間と金銭的な余裕はない。遠方に嫁いだ次女は病気がちで上京は無理だという。消去法で都内に住む長男とコンタクトをとることにしたのだが、これには困難を極めた。

長男とのコンタクトは社協、地域包括支援センター(以下「包括」)など、公的な機関の役目となる。長男と連絡は取れたが、彼は「嫁の家族に迷惑がかかる」、「姑の面倒をみなくてはならない」、「時間がない」、「仕事が忙しい」、「体調が悪い」、「これから医者に行く」など、ありとあらゆる口実を使って関係部署との面接を拒んだ。

今回、急を要することなので、ショートステイのA施設に要請し、例外的に短期間の入所を承諾していただいた。身内がいるにもかかわらず、公的な職員とわたしとで中井夫妻を支えるというのは、限界がある。

数日後、やっと長男と会えることになった。午前一〇時、社会福祉協議会の指定された部屋に、包括、市の福祉担当職員、夫婦を担当する民生委員、Aショートステイの施設長、ケアマネ、Y相談員、わたし、そして長男がようやく顔をそろえた。ケアマネとY相談員が執拗に頼み込み、口説き落として長男を納得させたと聞いた。

着席した長男からは、お礼の言葉どころか、世話になっている両親のために、今日、こうして時間を割いて集まってくださった関係者に対して、ひとことの挨拶もない。彼は、黙し、腕組みをしたままであった。わたしは違和感を覚えた。

両親の悪口を延々という長男

全員の自己紹介が終わったあと、Y相談員が口火を切り、両親の現状と今後の介護について話を進めた。

そして「両親の今後を長男としてどうしたいのか?」を問うと、「姉や妹、それに自分にも家庭があり、引き取って看ることは不可能」、「URの自宅での生活にも不安が残る」、「施設への入所が最優先」であることを、長男は淡々と話した。

進行役のY相談員が、彼の話を引き継いで次のステップにいこうとしたとき、いきなり長男がY相談員の発言を妨げるように声を発した。

「自分にも姉妹にも余分なカネがない」、「年金と生活保護費のみで入所できる施設はあるか」と聞く。「あります。施設の場所(遠近)を問いませんか?」とケアマネ。すかさず「距離は関係ありません」と応える長男――。

わたしは、そうした彼の様子に、入所後の両親に面会する気はないと感じた。両親を棄てるつもりなのであろう。

高揚してきた模様の長男は、「自分は、子どものときからいかに両親にスポイルされてきたか」、そして綿々と両親の悪口を話し、出席した全員を困惑させた。「現在も、なぜ両親との距離をとっているのか」を説明しているのである。彼の顔をみているうちに、嫌になってきた。正直、呆れてしまった。

いつ果てるとも知らない長男の愚痴を、ケアマネがやんわりと制し、具体的な今後の方針を提案した。だが事態はすでに動きだしているにもかかわらず、肝心の介護認定がなされていない時点で、「要介護度」を推測しながら、さまざまなサービスをプランニングしていかなければならなかった。

問題を整理する。「金銭の管理」、「中井夫妻の今後」の二点である。

「金銭管理」については、成年後見人制度を使うという方法もあるが、身内（長男）がいる以上、長男が間接的にでも関わるべきだという。長男もいくつかの方法を提案する。「一度、わたし（長男）の口座に入金し、必要な分だけ両親に送る」、また「口座は民生委員に管理してもらったうえで、その都度、必要な分だけ両親に手渡してもらう」などと述べた。だが、「一度、長男の口座に入金……」は、カネの管理ができない中井夫妻には無理である。後者は、民生委員としての業務外（カネの管理は禁止）とのこと。これは、介護判定が下りない限り、方針を示すことができない。介護判定がでたあとで、決定することにした。

この会議が終了したのち、長男は、要蔵さんが入所中のAショートステイとの契約書に記入後、吉乃さんが入院している病院にいき、入院の書類にも必要事項を記入した。そして、その後、病室で母親に面会したという。「書類記入と面会に要した時間は、たったの5分。新記録ですよ」と看護師も呆れ顔だったとのことである。

これから先は、ケアマネが要介護の認定のための問診→認定調査（主治医による意見書）→介護認定審査会による「審査・判定」→認定結果通知→ケアプランの作成→サービスの利用開始となる。

実は、平成二九（二〇一七）年四月から、「介護予防・日常生活支援総合事業」

（通称「総合事業」）がスタートした。「要支援１・２」と「要介護１・２」を各地方自治体の裁量に一任するという、国から地方へという福祉政策の大転換だった。とくに軽度の「要支援」者が受けていた「ホームヘルプ・デイサービス」などが市町村の裁量（サービスの種類や単価）で決められることになった。「社会保障費の負担減」を目論む厚生労働省の政策であろう。

平成三〇（二〇一八）年四月から完全実施された「地域包括ケアシステム」（重度の要介護者が住み慣れた自宅や地域で暮らすことができる）の布石だと考えたい。しかし、聞こえはいいが、実体は、地方自治体への福祉政策の丸投げである。地方自治体の負担増とサービスの低下が危惧されている。

介護認定を受けていない人は、さまざまなサービスをより受けにくい状態が考えられる。長男との会議が設けられた際、四月までは一ヶ月を切っていた。要介護認定の「駆け込み申請」が急増中で、ケアマネへの申請も急増していた。中井夫妻の場合、ギリギリ間に合ったといえる。

ボランティアとは何か

「ボランティアとは何か」を考えてみたい。ボランティアとは「ラテン語のボランタス（voluntās、自由意志）を語源としており、自発性に裏づけられた奉仕者、篤志家を意味する」もので、「自発性または自主性、善意性、無償性、先駆性ならびに自己犠牲を伴うことがその行為の基本的特性とされていた」（『ニッポニカ』渡邊益男）とある。

正直、今回の案件に対して、わたしにはボランティアの基本的特性を理解して対応したわけではない。中井夫妻の長男に対しても、「なんで、他人であるわたしが、あなたの家族を看なければならないのか」という素朴な疑問を抱きつつ対応してきた。Y相談員は、「それがボランティアというもの」というが、未だに納得できていない自分がいる。

今回、数多くの関係部署と連携しながら、さまざまな状況を体験できた。最大の収穫は、わたしが「近所の顔見知り」的な立ち位置で中井夫妻に接してきたことだろう。規則に縛られることなく、自由に動き回れるということがどれほど大切なことか。公的な立場の人には、一定の縛り（規則）がある。自由なわたしには、介護を必要としている人と公的な立場の人をつなぐことが可能となる。

一方で、福祉関係の部署に通報しても、その後の情報を通報者に伝えてもらうことができないというもどかしさがある。個人情報の壁がそれを不可能にする。ボランティアは、公的機関の下請け的な扱いという空しさを感じる。「ぐるり」の亭主ではあるが、わたしは作家としての視点、「看る側、看られる側の自由な発想」を捨てるつもりはない。

それにしても、中井夫妻の長男の態度には疑問を感じる。幼いときのさまざまな仕打ちがトラウマになることはよくある。しかし、それが原因で両親の介護を放棄するということがあっていいのだろうかと、そのときは思った。

確かに、父親としての要蔵さんのほうにも問題があった。仕事にかこつけて全国放浪、子どもの成長期にも家庭を顧みることなく自分本位を貫いた。わがままで自分の価値観を妻にも子どもたちにも押しつけた。子どもたちがそれぞれ、結婚して家をでても、要蔵さんは、娘たちが嫁いだ家を非難し、長男の嫁の家を中傷した。自分の間尺の合わないことは相手のせいにした。やがて子どもたちとも疎遠になり、流れ流れて、このURにきて十数年。知己《ちき》を得て「ぐるり」の常連になった。九〇歳を過ぎた要蔵さんから、放蕩で自分勝手な雰囲気は失せていた。

しかし前述したとおり、わたしとY相談員とで、自宅を訪れたときの要蔵さんの吉乃さんに対する命令調の強い物いい、妻が病床に伏していようがお構いなしに命令を下す様《さま》に、要蔵さんの変わりようがない性癖をみたような気がする。認知症になっても、プライドだけは失うことがない。

その後、中井夫妻の施設への入居が決まり、久方ぶりにふたりは対面した。そのときの第一声は、「お前、何していたんだ」（要蔵さん）、「お父さんこそ、どこに行っていたのよ」（吉乃さん）だったと社協のY相談員が笑いながら話してくれた。

大きく変わった親子の関係

後日、社会学者の上野千鶴子の『当事者主権』（岩波新書 平成一五年 中西正司 上野千鶴子共著）を読み、中井夫妻の「介護」および「棄老」について複雑な気持ちを抱くことになった。

著書のなかで上野は、

「ちなみに民法八七七条にいう親族の扶養義務は、親から子への生活保持義務と、子から親への生活扶助義務とにわけられる。親は子に対しては生活を犠牲にしても扶養の義務があるが、子は親に対して生活を犠牲にしてまで面倒をみる必要はない。子世代のなかには、親の介護を負担に感じている人は多い。福祉先進諸国で、高齢者介護の社会化について合意が形成しやすいのは、子世代が親の扶養義務から解放されたがっていることと無関係ではない」

とある。

民法第八七七条では、「子は親に対して扶養の義務はある」が、「（自分の）生活を犠牲にしてまで面倒をみる必要はない」と規定（上野説）するとなると、「ぐるり」で実際に起きた「棄老事件」は民法上「棄老事件」ではなくなる。

中井夫妻の長男は、「わたしにも生活というものがある」と執拗に口にし、具体的な対応を、関係機関と「ぐるり」の亭主であるわたしに丸投げした。わたしは、その態度に少なからず怒りを覚えた。世間には「介護離職」を余儀なくされ、収入減と先行き不安から「介護殺人・心中」に至る事例も少なくない。この現実的なギャップをどう捉えていけばいいのだろうか。問題は、「（自分の）生活を犠牲にしてまで面倒をみなくていい」という内容についての「線引き」を、どこで引くのかということだろう。その判断は当事者の「子であり親」だ。

たとえば、子は「自分の生活を犠牲にしている」と感じて、親の介護を放棄する。あるいは、自分のできる範囲内での関わりを持とうとする。当然、介護の内容が稀薄、もしくはゼロになる。一方で、「子の生活を犠牲にしているとは思えない。あの子は扶養（介護）から逃げている」と感じる親も少なからずいるだろう。

民法第八七七条には、家庭裁判所に判断を委ねる事項があるものの、わたしの周囲で裁判沙汰になった事例を聞かない。

同法を、上野のように解釈してしまう（実際、疑っているつもりはないのだが）と、親の介護を少しでも負担に感じている子は、施設への入所を強く望む。「高齢者介護の社会化について合意が形成しやすい」とは、このことを指すのだろう。「ぐるり」で起きた「棄老事件」でも、子は施設への入所を切望し、最終的には子の希望どおりになった。「施設への入所」が親に対する最低限の責任遂行であり、免罪符の役割を果たすことにもなりかねない。

「高齢者介護の社会化」というのは、これまでのように「わが家で介護する」ことも含め、行政主導型の介護政策の充実を意味する。

平成一二（二〇〇〇）年からスタートした「介護保険制度」はまさにこれにあたる。平成一八（二〇〇六）年に各自治体のなかに多くの「地域包括支援センター」が設けられ、地域の実情に合わせた対応を義務づけている。施設が各地にオープンし、さまざまなセーフティネットが用意された。

わたしが妻と田舎に戻って、自分の母親を看た四〇年ほど前とは隔世の感がある。しかし、日常の現場で体験した「棄老事件」を、「子は親に対して生活を犠牲にしてまで面倒を看る義務はない」という「法的な切り捨て」と同義と捉えるのは、いささか違和感を禁じ得ない。

確かに、「子の生活に（著しく）影響を及ぼす」と感じた子は、満足に親を看ることは不可能だろう。その受け皿として、公的な機関がある。現実として「棄老事件」と向き合ったとき、「実の子が親を棄てていくプロセス」をみせられたことは辛く、正直、空しさが残る。

かつて、仕事場としての東京をあとにしたわたしと、見知らぬ土地での姑の介護を余儀なくされた妻。そこには、明らかに「生活を犠牲にしてまでも両親を看なくてはならない」という義務感と、「作家としての生活を犠牲にしてまで……」という忸怩《じくじ》たる思いが交差した。

東京に両親を呼び寄せるという方法もあったが、父親が山形を離れることを強く拒否したため、夫婦での「帰郷」以外の選択肢がなかった。「時代が違う」といわれればそれまでのことだが、確かに母が入院していた四〇年前の老人病棟にも、誰も面会にこない孤独な入院患者がたくさんいた。

老人病棟といっても、医者が常駐する施設のようなものだ。入院患者は暇をもてあまし、毎日面会がくるわたしの母をうらやましく思い、妬んでさまざまな「事件」を起こした。

あれから四〇年。親と子の密度が今とは大きく違っていた気がしてならない。

第2章　親を棄てた子の〝事件〟簿

一、詐欺の被害にあった親を罵倒する子

「振り込め詐欺」に引っかかってしまったわたし

恥ずかしい話なのだが、一〇年前、次男を騙《かた》る電話に、二〇万円という大金を、詐欺師の指定する銀行口座に振り込むという「振り込め（オレオレ）詐欺」に引っかかってしまった。

なぜ恥ずかしいかというと、わたしは「詐欺」の研究家で、これまでも、『悪徳商法――あなたもすでに騙されている』（平成一五年 文春新書）、『騙されたがる人たち――善人で身勝手なあなたへ』（平成二五年 講談社）を上梓し、『悪徳商法のすべて』（平成六年 自由現代社）の編集に関わり、「詐欺師に騙されるな」という講演などを行ってきたからである。

いってみれば、「詐欺研究のプロ」が見事に詐欺師に騙されてしまったのだから、

始末に負えない。妻や次男から、それこそ「馬鹿呼ばわり」されたものの、盗られたカネは手もとに戻るはずもなく、「騙された詐欺研究のプロ」という不名誉な肩書きを残して不問に付された。

ところが、マスコミが「騙された詐欺研究のプロ」に興味を抱いた。おもにテレビのバラエティー番組に、数回出演した。「とく撮 振り込め詐欺」（平成二三年六月二八日 フジテレビ）、「ノンストップ！」（平成二五年四月二日 フジテレビ）、「しくじり先生」（平成二六年八月一七日 テレビ朝日）などの番組である。「しくじり先生」は後日、DVDにまとめられ市販されている。

警視庁主催の「母さん助けて詐欺根絶キャラバン隊」（警視庁は「振り込め詐欺」を「母さん助けて詐欺」という）防止キャンペーンに特別解説員として舞台出演もした。どれも共演者に面白おかしくいじられたが、それを承知で出演した。

「振り込め詐欺」の場合、どんなに気をつけていても「自分の息子の窮状」を聞いた瞬間、詐欺師側の術中にはまるものなのである。これを「親心スイッチが入る」という。一度入ったスイッチは、二度とオフには戻らない。

「自分の息子の声が分からないはずがない」と人はいうが、それが分からないのである。その証拠に「振り込め詐欺」はいつまでたってもゼロにはならず、同じ人が何回も被害に遭う。これを一方的に「不注意」だけでは片付けられない。「カネがあるからだ」という人もいる。息子の窮状を救うには、サラ金から借りてでも手渡す被害者もいるのである。

余談だが、拙著『騙されたがる人たち』のタイトル決めに、出版社の営業と一悶着があった。「騙されたがる人など存在しない」「帯にある〝騙されるほうも悪い!〟は言語道断」という。確かにそうだ。これでは読者が納得しない。

でも、拙著のコンセプトは、騙すほうが「悪」、騙されるほうが「善」という常識的な図式は成り立たないと考えている。本気で被害者を減らすためには、「騙されるほうにも大いに注意を喚起していただきたい」という思いが強く込められている。騙されるほうがいつまでも「善」では、詐欺はなくならないだろう。

騙される側にも問題がある、といいたいのだが……

平成二七年四月中旬に、ＮＨＫから「特殊詐欺に関しての番組を企画している。協力願いたい」との連絡を受けた。

「特殊詐欺」といっても大きくふたつに分けられる。ひとつは「利益享受型」（「未公開株詐欺」「投資詐欺」「預託商法詐欺」など）、もうひとつは「恐怖煽り型」（「振り込め詐欺」「架空請求詐欺」など）である。「利益享受型」は基本的に人間の持つ〝欲〟に絡む詐欺で、個人的に注意を喚起しない限り有効な防止策はない。

打ち合わせの席で、ディレクターから意外な事実を知らされた。「確かに〝騙される側にも問題がある〟という指摘を無視するわけにはいきません。しかし、そのことを〝声高に話すことができない事実〟があるのです」といわれ、その〝事実〟を確認して衝撃を受け、出演を快諾した。

収録は平成二七年六月二四日、渋谷区神南のＮＨＫ放送センター内のスタジオで行われた。出演者は、被害者（騙された側）六人、コメンテーターとして周防正行

（映画監督）、あき竹城（女優）、辰野文理（国士舘大学教授・被害者学専門）の三人。MCに橋本奈穂子キャスター。アシスタントMCに山田大樹アナウンサーで構成されていた。

そのなかに、被害者の一人で母親が「振り込め詐欺」に遭い、悲嘆に暮れている母親を救おうとした息子の森内さん（仮名）が口火を切った。

騙されたと気づいた森内さんの母親は、激しく自分を責めた。しかし、森内さんは母を許した。責めたら母は逃げ場をなくすと考えたからだ。警鐘を鳴らすために、ブログにこのことを書いた。ところがブロガーは、森内さんの期待とは正反対の反応を示したのだった。「子どもを甘やかすからそうなるんだ」「カネを持っているからだ」「注意していれば騙されることはない」など、一方的に母親を非難する内容が大半を占めたという。

先日の打ち合わせで、NHKのディレクターが述べた〝声高に話すことができない事実〟とは、大金を詐取された父親が息子と妻に激しく責められ、逃げ場を失い自殺したというのだ。息子は、「そのカネは当然、将来の遺産として受け取れるもの」、妻は「生活費の一部」と考えたのだろう。

どちらも詐取されたカネは「自分のもの」、それを「見知らぬ他人」に大金をむざむざと手渡したと考えた。しかし、父親は最愛の息子の窮状を救おうと行動し、騙されたのである。それなのに父親は〝馬鹿呼ばわり〟された。父親は深く傷つき、逃げ場を失って自死したのだ。

思いだしてみると、その年の三月中旬、産経新聞大阪本社の社会部記者からインタビューを受けた。そのとき、「『主人の後を追いたい』という電話の話」が記者の口からでた。千葉県成田市にある曹洞宗の寺院長寿院の住職で、自殺防止を目的とするＮＰＯ法人「自殺防止ネットワーク風」の代表篠原鋭一のもとに、北陸地方に住む七〇代の女性から電話があったという。夫が二年前、孫を騙ったオレオレ詐欺に遭い、三〇〇万円を騙し取られ、自殺したというのだ。「親族から『詐欺に遭うような人が身内にいるというのはみっともない。世間体が悪い』と責められたことも自殺の理由だ」といった話をしてくれた。

そのとき、子どもたちは、親を積極的に擁護するというよりは、親族と同様、騙された彼（父）の行動を「軽率だ」と非難したことは十分に考えられる。まさか、自分の命を絶つとは考えもしなかったのだろう。「オレオレ詐欺」ひとつとってみても、家族関係の稀薄さを強く印象づけられた。

実は、自殺にまでは至っていなくとも、こういった事例はたくさんある。

NHKの「クローズアップ現代」（NHK総合 平成二七年二月一九日放送）で取り上げられた内容を紹介してみたい。そこには、すでに崩壊した親子関係の姿がにじみでている。

・千葉の礼子さん（仮名七〇代）の場合

二年前に二〇〇万円の被害に遭った。長男を名乗る声で「会社の小切手をなくした。助けて」といった。声はそっくり。「息子だと思いました。元気がない。相当落ち込んでいるな。助けたい一心でした」。そして長男の部下を名乗る男にカネを渡してしまう。

「なぜ見抜けなかったのか。くやしい。夜も眠れないのです」。憤りは犯人にではなく、自分に向けられた。日記には、「まんまと引っかかってしまった」「私の愚かさからでたこと」「情けない」と自分を責める言葉が並ぶ。

・愛知の八〇代の女性の場合

三年前に二〇〇万円を騙し取られる。本人は気さくな性格で、初対面の人とでも気軽に話せる。友だちも多い。息子に「そんな性格だから騙されんねん」と責められる。「グサッときた」「慰めてくれる人は誰もいなかった」という。眠れない日がつづき、食欲不振で体重が激減。詐欺の話をすると、「もういわんといてくれ、聞きたくない」という返事。逃れる先が家庭のなかにはない。

オレオレ詐欺が家族の崩壊を助長する

NPO法人「自殺防止ネットワーク風」の代表篠原鋭一のもとには、さまざまな相談が寄せられるという。

ある七九歳の男性が、自分の孫（高校生）を名乗る人物に五〇万円を騙し取られた。

「アルバイト先のカネを使い込んだ。二人だけの秘密にして助けて欲しい」――と。可愛い孫を救わねば、という思いが先行して、冷静になれなかったという。孫は落ち込む祖父に向かって、「孫の声を忘れたのか」と責めた。その予期せぬ言葉にショックを受け、「孫を助けることによって、〝やっぱり、おじいちゃんがいてよかった〟と、もう一度家族に存在を認めてもらいたいと思った。いかに普段、高齢者が家族の外におかれているか、分かりました」と話す。

また、三年前に交通事故で妻を亡くしたという男性が、寺を訪ねてきたことがあった。その年の盆に妻の遺書をみつける。そこには、「振り込め詐欺で一〇〇万円騙し取られた」とあり、妻の死はそれが原因での自死だった。ふたりは再婚同士。元夫との間の息子を名乗る男に騙されたという。遺書には、「母親として、再婚したあともずっと後ろめたい気持ちがあった。申し訳ない。死んでお詫びをする」と綴られていた。元夫の息子に、「バカ」と罵られた。ここにも「親を棄てる子」の〝事件〟がみてとれる。

警視庁によると、平成二六年の特殊詐欺被害者の七八・八パーセント（一万五四〇件）が六五歳以上の高齢者だという。そのうち、「オレオレ詐欺」の高齢被害者は、九二・一パーセントにものぼる。

「高齢社会白書」によると、昭和五五年には、人口全体に占める六五歳以上の独り暮らしの高齢者は八・五パーセント。それが、およそ三〇年後の平成二四年には、一六・一パーセントと倍近い数字になっている。独り暮らしになれば相談する相手もいない。その分、詐欺師に狙われやすくなる。

篠原は、「他人に悩みを打ち明ける環境さえあれば、失われる命も助けることができる」という。家族からも見棄てられ、社会とのつながりがなくなったと絶望したとき、被害者が自殺へと走る。相談電話での遺族の〝懺悔〟が、それを物語っている。

被害届をださない被害者

被害に遭った人のなかには、警察署に被害届をださない人が少なからずいると推測したい。わたしの場合も、被害届をださなければ（事件を知ってしまった家族以外は）、世間に知れ渡ることもないので、わたしの立場に変化はなかったはずだ。

そうすることによって、わたしは相変わらず「詐欺研究の専門家」という肩書きは保たれる。そのために最寄りの警察署に被害届をだすのを躊躇したことは事実である。つまり、被害者の置かれた状況を考えれば、「被害届をださなければ世間体は守られる」という考えから、被害届は提出しない。少々の痛手に目をつぶれば、これまでの自分が守られるのである。

問題は、息子や孫にこの事実を知られていない場合に限られる。大半は、本人（実の息子など）に確認することでバレてしまう。わたしの場合も、「素人が株に手をだすことは無謀だ。今後、このようなことがないように」と戒めの手紙をだし、「お父さん、ひっかかったね」という次男からの電話で、騙されたことに気づかされたのである。

次男に手紙なんかださなければいいのに、と思うのだが、これがしてしまうのである。〝父親としての威厳〟〝役目〟？ つまり、それが父親たるゆえんなのである。

性《さが》なのである。そこから父親の本当の姿（家族のなかでの位置づけ）を家族によって暴かれるのである。つまり「家族内裁判」というやつだろう。わたしの場合はかろうじて許してもらえたが、父親の尊厳（存在そのもの）が失われている場合、猛烈なしっぺ返しに見舞われる。そして家族から棄てられる。

親が所有しているカネを、家族は「財産として受け取る家族のもの」と考える。やがては自分のものになるはずの遺産の一部が、見ず知らずの他人の手に渡ってしまうのだから、心穏やかではない。

軽率なことをしたと親を責める。親は「子どもや孫のために」と思ってのことなのだが、存在価値を失っている親の行為は、家族にとって許されざる背信行為なのだ。責めて、悪態をついて、無視して、その挙げ句自殺した親をみて、「まさか自殺をするとは思ってもみなかった」というのだろう。

二、子に棄てられた親の孤独死

遺品整理屋がみる親と子の断絶

『遺品整理屋は見た！』（吉田太一著　扶桑社）には、実の子に棄てられた親の孤独死の様子が生々しく収録されている。

著者の吉田太一は数多くの現場を踏むプロの整理屋である。「あとがき」で、

「私たちが運ぶ荷物は文字通り『モノ』ですが、それらには単なる物体を超えた意味が含まれているような気がします。その中でも故人が残されていった『遺品』は、一人の人間が生きてきた証《あかし》、あるいは人生そのものではないかと思うのです。（中略）私が今もっとも気がかりなのが、独居老人の孤独死の問題です」

といい切る。代表的な事例を要約して紹介したい。

葬儀社からの紹介で舞いこんだその依頼は、「死後一ヶ月」ほどたった部屋だった。その部屋は、古い五階建てURの三階にあり、エレベーターなどはもちろんない。階段は狭く、天井には鉄パイプがむきだしのまま配管されていて、各部屋の玄関前にぶら下がっている木製の牛乳瓶入れが、わびしさに拍車をかける。

その部屋の主《あるじ》は、七五歳の独居老人だった。二階まで上がったところで、ふと足下を見ると、階段脇の溝にまるまると太ったウジ虫が元気よくはい回っているのが目にとまった……。

依頼主は息子で、同じ集合住宅の四階に住むサラリーマンだった。ひとつ階下に住む父親の孤独死に一ヶ月も気づかずにいたことを、遺品整理屋は疑問に思う。

「実の父親が下の部屋で亡くなっていて、どうして一ヶ月も気づかないでいたのか」と聞く。すると息子は、「夜勤が多いもんで、オヤジともなかなか会う機会がなくて気づかなかったんですよ」と答えた。

その翌日、父親の部屋を片付けたあと、息子から遺品整理屋のところに、「引っ越して心機一転したい」と引っ越しの依頼を受けた。息子の部屋を見て愕然としたが、同時に納得もしたという。息子の家は「ゴミマンション部屋」だった。夏場だったこともあり、「部屋のなかで何かが腐ったような変な臭いがしていて、そのために三階の臭いにも気づかなかったんだなということに思い当たったのです」と。

孤独死状態で発見されるということは、親と子の関係が稀薄というより、すでに子どもが親に見切りをつけている場合が多い。それも母親より父親が圧倒的に多い。このことは何を意味するのだろうか。

「男は外で仕事、女は家を守る」という図式を描くことが可能だとすれば、それは「家庭を顧みなかった父親vs.子を守る母親」となり、「父は母をいじめた身勝手な〝悪者〟」となる。こういう親子関係が圧倒的に多い。だから、「母に代わって成敗する」、つまり父親を無視、ついには「棄てる」ことにつながるのだろう。

遺品整理士のまごころ

平成二九年四月八日（土曜）のＮＨＫニュース「おはよう日本」の「けさのクローズアップ（けさクロ）」で、亡くなった人の遺品を片付ける「遺品整理士」の話が紹介されていた。

富山県のとある都市。その部屋に住む八六歳の男性が遺体で発見された。孤独死である。（警察の）所見で〝病死〟とされた。遺品整理士が、部屋に残された遺品を整理している。部屋には、大量の写真と旅行のパンフレットが残されていた。

遺品整理を依頼したのは、死亡した男性の息子だった。「遺品はすべて処分すること」が条件だ。死亡した男性は経営していた会社が倒産し、その後、家族関係が悪化して、別居した。三〇年間、妻や子どもたちと関係を絶つ生活を送っていた。父親が家族を棄てたのだ……。

以前、遺品整理士は消費者金融の仕事をしていた。借金の取り立てで利用者を追い込んでいく生活に空しさを感じ、この仕事に転職したという。四年目である。遺品を扱う仕事の大切さを感じた〝事件〟があった。「夫が大切にしていたものを探して欲しい」という依頼を受けた。大切なものとは、妻の母親が夫のために編んでくれた手袋。夫はその手袋をいつもうれしそうに妻にみせていたという。「その人の生きてきた人生を垣間見た気がした。(依頼者の)そういう気持ちにより添うことがこの仕事の神髄だと感じた」と語った。

遺品整理士はある決心をする。孤独死した父親の遺品のなかから何枚かの写真を選びだし、依頼主の息子の家を訪ね、手渡した。「どうしてもお渡ししたほうがいいと思い、持ってきました」といった。息子は「ありがとうございます」と写真を受け取り、見入った。息子はその写真を見て何を感じたのだろうか。

三〇年間という空白の時間のなかに、確実に生きていた父親の何かを感じ取ったと考えたい。見終えて、どこか救われる思いがした。

三年間も放置された孤独死〝事件〟

『団地が死んでいく』の取材時に、千葉県松戸市常盤平団地内で、悲惨な状態で発見された独居高齢者の孤独死について述べておきたい。

平成一二（二〇〇〇）年一〇月のある日、公団の管理人が、ある部屋のドア前にたたずんだ。三ヶ月もの間、家賃が支払われなかったため、様子をみにきたのだ。管理人は電気のメーターを見た。メーターはゆっくりと動いていた。玄関チャイムを鳴らす。応答がない。ドアを叩いて名前を呼んだが返答がない……。

異常を感じた管理人は警察に通報した。警察官が玄関ドアをこじ開けてなかに入った。キッチンの板の間に、白骨化した遺体が横たわっていた。検視の結果、死後三年がたっていたという。死亡推定六九歳。実に三年もの間、発見されることなく、放置されてきたのだ。家賃が自動引き落としだったため、預金が底をつくまで誰も彼の死に気づかなかった。団地自治会員が孤独死を強く意識した最初の事件だった。

孤独死といっても「多くの死のひとつ」にすぎない。旧公団はこうした事実を積極的には公表してこなかった。自治会でも「独居死事件」を公にすることをためらってきた。しかし、三年間も放置され、白骨状態で発見された事実は自治会の役員を打ちのめした。自治会長の中沢卓実さんは「すべてオープンにしよう」と決意する。

「人間の死の前には、プライバシーだとか個人の尊厳だとか問題外。死の領域は坊さんの領域と考えるのではなく、自分たちの問題として積極的に関わることが必要」という中沢さんの提案で、平成一三年（二〇〇一）六月一〇日発行の自治会報『ときわだいら』に会長署名の「孤独死を考える」を発表。「早期発見と素早い対応」「体制、地域ぐるみが課題」「自治会と社協は全力で取り組む」という内容の提案をした。

それ以降、中沢さんは団地自治会に「まつど孤独死予防センター」を設立。「あんしん登録カード」（掛かり付け医、常備薬、連絡先などを明記したもの）を配布し、地区（団地）社協、自治会、「まつど孤独死予防センター」という三つの組織を中心として「緊急通報体制」を完成させた。さらに、NPO法人「孤独死ゼロ研究会」を創設し、団地内に「いきいきサロン」（高齢者の集う居場所）を矢継ぎ早に発足させた。

そして、徹底した孤独死回避作戦を実行する。そのことが原因で、「常盤平団地は住民に優しい団地」という世評が広まり、周辺のUＲの空き室をよそに、「満室」の状態がつづいている。わたしが運営する「サロン幸福亭ぐるり」は、「いきいきサロン」をほぼそのまま模したものである。

三、遺骨の引き取りさえも拒否する子

広がる無縁仏

岩田裕之さんは、埼玉県所沢市にある「人情葬儀社・あしたばフューネスト」の代表である。「最新葬儀・墓事情」の講演をお願いした関係で、「ぐるりの顧問葬儀社」として、さらに「新しい葬儀・埋葬のあり方」を模索し提案する「終活アドバイザー」として、常連さんのさまざまな要求や疑問・質問に答えていただいている。

以前、岩田さんが霊柩車で「ぐるり」に現れたことがあった。後方の窓から簡易なつくりの棺が見えた。「なかに仏様が入っていますよ」という。「火葬場の順番待ちで……」とわたしに素っ気なく答えた。仏様の身内がみつからず、無縁仏として市と契約している寺の共同墓地に合祀《ごうし》されるという。

ここ数年、このような無縁仏が増えているといわれる。「毎日新聞」（平成二九年七月一六日）によると、全国の政令指定都市で2015年度に亡くなった人の約三〇人にひとりが、無縁仏として自治体に税金で弔われていたことが分かったという。死者の引き取りを拒む家族の増加や埋葬費用を工面できない貧困層の拡大が背景にあり、とくに都市部での高齢者の無縁化が進む実態が浮き彫りになっているのだそうだ。

続けて岩田さんは、「最近、とみにご遺骨の引き取りを拒否されるご家族が増えてきました。基本、子どもたちから葬儀の連絡があれば問題ないのですが……」と述べた。この〝わけあり〟の遺体の場合、岩田さんによれば埋葬までの手続きは次のようになるという。

契約している病院のケースワーカーから電話が入る。市のソーシャルワーカーや民生委員から入るときもある。決まって「わけありだけど、お願い」の言葉がかかる。もっとも、葬儀屋として常日ごろから病院やケースワーカーなどの公的な人たちと関係を密にしているので、「仏様の名前を聞いただけで、事情が飲み込めます」という。

また、基本的に入院時には、身元保証人が必要となるが、身内（おもに子ども）が保証人になることを拒否する場合が少なくないという。その場合には、保証人なしでも入院を許可してくれる数少ない病院のひとつ、N共同病院にお願いすることもある。

「〝わけあり〟の人は、入院した時点で家族の面会はありません。面会どころか、家族は入院した親の住所も知らないことが多いのです。生活保護受給者なら、身元の調査もしますので、たとえ縁が切れていたとしても、身内に連絡だけはできるのですが……」

〝わけあり〟の入院患者は、〝わけあり〟故に入院費用を支払う意思を示す身内は少ない。だから、死亡の通知を受けても引き取りを拒否する。しかし、病院としても公的機関の関係者にとっても、この状況を放置するわけにはいかない。身内が故人を放置しても、関係者は放置できないという矛盾が生じる。

「市役所などの公的な機関では、行政法という法律の縛りがあります。仏様（死人）に対しては冷徹です。死人はモノ扱いです」

病院もまた、心電図が動いている間は、「患者」として人間扱いをするが、心電図が「ゼロ」を示した瞬間から、「患者」から「モノ」に変わるという。病院のケースワーカーからは、亡くなる数日前に、「岩田さん、例の患者、そろそろですので、よろしくお願いします」と電話で連絡が入る。断ることもできなくはないが、岩田さんは断らない。

病院のケースワーカーの関わりは、岩田さんに話をつけた段階で基本的に終了する。ケースワーカーから依頼を受け、受諾となるが、その後、岩田さんの一存のみでコトを進めることはできない。岩田さん個人は喪主にも代理人にもなれない。だから、遺体を一方的に荼毘《だび》に付し、遺骨を市と契約する寺院の共同墓地に勝手に合祀するわけにはいかない。当然、身内捜しは必須となるが、その仕事は市役所の福祉部の管轄になる。個人情報保護法がある以上、葬儀屋としてその線を越えてはならない――。

遺骨すら引き取らない

市の福祉部が動き、運よく身内がみつかれば、岩田さんと葬儀などの打ち合わせができるが、これが簡単には済まない。身内が遠方に住んでいる場合もある。高齢で身動きが取れない場合もある。もちろん拒否される場合もある。

しかし、「死亡届」は身内にしかだせない。身内がでてきて書類に書き込むのが基本なのだが、それが不可能な場合、電話での「委任」が可能となる。

死亡届には、「住所、氏名、生年月日」の明記と、押捺が必要だ。もちろん三文判でもいい。問題は届け出を承諾した身内の姓名。これが三文判を販売している店にない難しい姓の場合には、岩田さん側で印鑑をつくることになる。消しゴムやボール紙を使い、器用につくり上げる。判子屋に頼む手もあるのだが、その費用は市からはでない。「要は文字が判読できればいい」のだそうだ。

親族がみつからない場合は、担当医や福祉部課長が届けをだす。その後はすべて岩田さんに委ねられる。

以前、こんなことがあったという。身内がみつかり、岩田さんが電話をしたときのことだ。

「死亡届の提出を承認していただいてありがとうございます。ところで、お骨をお引き取りになられますか？」

「いえ、それだけはできません」

「どうしてですか？」

「今さらね、親といったって、関係ないですよ。長い間、顔を見せない人でしたので、どうなってもいいです」

「お引き取りにならないとなりますと、お骨はどうするか分かりませんよ。よろしいですか？」

「市と契約している寺の無縁墓地でいいですよ」

「ちょっと待ってください。あなたの場合、無縁じゃないじゃないですか。無縁墓地は無縁の仏様しか入れないんですよ」と釘を刺したが、電話の向こうで、身内が激高した。

「生きている間にも苦労させられて、死んだあとにまで手間をかけさせるな！」

「お言葉ですが、身内でないわたしに文句をいわれましても……、それにわたしが埋葬するというのは、如何なものかと思いますが」

「それをやるのが、おまえたち葬儀屋の仕事だろう！」

これ以上話を続けることを止めたという。電話の向こう側にいる子どもの気持ちが透けてみえるような気がしたからだ。気を取り直して、

「ところで、諸費用はどうなされますか？」

「費用？　一銭もだす気はない。すべてお任せします」

といって、電話は切られた。

〝手間をかけさせるな！〟という言葉には、カネは一銭でもださないという意味が込められている。親などが亡くなったときに、現金などがある場合には、そこから補塡することもある。ところが、あれほど引き取りと支払いを拒否しつづけた子どもであっても、亡くなった方に預金通帳や株券、不動産などがあると判明した途端、突然、前言を翻《ひるがえ》して遺骨の受け取りに応じることがあるという。もっとも、身内の血筋が複雑に絡み合っているような家庭環境では、「カネがある」ことが、さらに問題を難しくさせる場合もある。

人間模様の複雑さをみる思いがすると岩田さんは次のように話を続けた。

「簡単に無縁仏といいますが、親戚筋が判明しない仏様を扱ったことはごく稀です。大半は身内がいても引き取り拒否の場合が多いのです。引き取りを拒否される仏様の大半は男、父親です。離婚した母親は父親との姻族関係はありません。

しかし、子どもは父親とのつながりがあり無縁ではありません。ただ、遠い親戚がみつかっても、亡くなった本人と関わりをもったこともない、みたことも会って話したこともない、という親戚に仏様の引き取りをお願いすることはかわいそうですよね」と。

葬儀屋なのになぜ、遺体を預かるのか

岩田さんがどんなに〝死者〟の面倒をみたとしても、行政からの補助は一切ない。法律が適用されるのは「生きている人」で、「死者」には適用されないのである。最近も、仏様を預かったものの市の身内捜しに時間が掛かり、結局、火葬したのが一ヶ月後。その間の腐敗を防ぐドライアイス代がかさんだが、それに対する費用は市からはでない。搬送、火葬代、棺代、連絡の諸費用、埋葬に掛かる費用も日当もでない。すべて岩田さんの持ちだしである。岩田さんは「遺体を預かって〝痛い〟……」と笑った。

生活保護受給者なら限度内の葬儀費用（葬祭扶助）がでる。しかし、「いくらなんでも赤字覚悟の仕事を受けるというのは考えられない。抜け道のようなものがあるのでは？」と聞いたことがある。岩田さんは、「無縁仏で回収が不能な人から回収できる方法はありません。実費くらいはだして欲しいと市には訴えてはいるので

すが、難しいです。でも、誰かがやらなければならないんです。葬儀屋という商売は、家族と仏様とを結ぶ仲介役だと思っています。だから無縁仏でも頼まれたら無償でやります」と。

名刺やパンフレットに、〝人情葬儀社〟と書いているのも、そういう意味が込められていると岩田さんは話した。

近年、孤独死の状態で発見される場合が多い。市の関係窓口から連絡が入る前に、警察が間に入る。孤独死には、遺体が腐食して形をなしていない場合がある。身元確認にはDNA鑑定が主流になった。住んでいた家に残された髪の毛や、たばこの吸い殻に付着した唾液などからDNAを鑑定する。通院歴がある場合は、解剖して胃に残された薬の配合具合から本人かどうかを確認する場合もある。

本人確認ができたあとで遺族捜しがはじまる。幸運にも遺族がみつかり、葬儀を岩田さんが執り行う場合、葬儀の在りかたも簡素になったと岩田さんは語る。

「ようやく遺族を捜し当て、駆けつけた遺族が親の遺体にしがみついて泣く、なんていうのはドラマでの話。とにかく『子が親を棄てる』としか思えない葬儀事情が、この一〇年間を振り返っても確実に増えています。葬儀の中身も、実に簡略化された家族葬という名前の直葬《ちょくそう》が増えました。家族には葬儀を盛大にやる資金力も意味も見いだせていない。高齢者にはその力がない人が多い。葬儀という意味が大きく転換してきたのです。確かに、葬儀はいきなり現実のものとしてのしかかってきます。加えて、世間体を気にする人も大幅に減りました。葬儀はあくまでも非日常の儀式にすぎません。それにカネをかけるより、現実を優先させることのほうが大事なのでしょう」

「子が親を棄てる」という現象は、当然、葬儀そのものにもおおきな変化を与えた。

「家族に迷惑をかけた親のためにだす葬儀費用はない」ということなのだろう。

「無縁仏を相手にしていると、複雑な心境になります」

「人情葬儀社・あしたばフューネスト」の岩田裕之さんは、今日も無給の仕事を引き受ける。

アンケートにみる親の本音

平成二四年、「幸福亭」(「サロン幸福亭ぐるり」の前身)時代に、「元気な高齢者でいるために」と題して常連の来亭者に事前にアンケートをとり、後日、討論集会を開いたことがあった。アンケート設問の答えのなかに、「期待と現実」の乖離《かいり》が見え隠れしていた。アンケートに答えた来亭者は一三人。

① これから先、子どもに迷惑をかけたくないと思いますか?

〈思う〉

・子どもに生活力がないから/子どもにも家族がある。結婚相手に迷惑をかけると夫婦仲に悪影響を及ぼすことが心配/子どもに負担をかけるのは心苦しい。考えただけで本当に申し訳ないと思う/不況のなか、子どもたちに親を看る余裕がない。精神的にも負担をかけたくない/子どもたちの生活基盤が弱い。とても親への種々の支援は無理

（思わない）
・子どもができることをしてくれればいい（してくれなくともいい）／自分は親の介護をしながら子どもたちを育ててきた。自分が歳をとってきたら、今度は子どもたちが自分たち夫婦（親）の面倒を看るのは当然。この世は順番。子どもたちの生活状況を心配しすぎだと思う

② 社会的に高齢者が大切にされていると思いますか？

（思う）
・日本自体が平穏。そのことが幸せの素《もと》。行政の安否確認も充実。高齢者のために働いてくれる機関の方が平等に親切

（思わない）
・年寄りが生き生きとしている場面に会うことが少ない／昔の教育は年寄り、とくに家庭において曾祖父、両親を大切にするという倫理観があった。子どもが一生懸命働いて親の面倒を看るのが当然だった。今は親のカネを目当てに（仕方なく）面

倒を看るという風潮だ。それでも面倒を看るのはまだいい方／年寄りは社会から棄てられている気がする。必要とされて、はじめて人の生きる意味があると思う

③　終末のために身辺整理をしておくことは大切だと思いますか？

（思う）

・子どもたちに負担をかけたくない／当たり前のことを質問するな／自分の過去はすべて焼却したいから／残された人が困るから。恥じないように整理する／死後、たとえ業者に処分してもらっても、業者という〝他人〟にみられるのが嫌／ガラクタに囲まれて生活しているので、残されたら困るでしょう／身動きができなくなってから、大切なものを残すのは辛い

（思わない）

・人はギリギリまで生きたいと思う。そうすると整理する時間がなくなる。残された人に迷惑をかけても仕方がないのでは／（亡くなった人のことを慈《いつく》しみながら）喜んで片付けてくれる人もいると思う。みずから自分の思い出を消し去ることは辛

い／整理するということが、自分の死を確認する作業のように思えるので嫌だ

④ 自分の葬式（お墓）について、考えたことがありますか？

（全員「ある」の答え）

・すべて子どもに任せる。希望はいう／墓があると守るのが大変／身内だけの家族葬がいい。遺骨は海に散骨／墓も葬式代も準備してある。心温まる葬式を期待したい／葬儀や墓守を子どもたちに任せるのは大変。直葬で納骨堂に安置してくれればいい／葬式と墓は重要。子どもたちばかりではなく、兄弟たちにも亡くなった人たちを思い出す場所だと思う。散骨や合祀はかわいそう／人生最大の出来事。できる限り子どもたちに負担をかけたくないので、墓もつくりました／すべて不要。葬式や墓にカネをかけるくらいなら、生きている自分の幸せのために使いたい。死んで花実は咲かない

⑤「尊厳死について」、あなたは植物人間になっても生きていたいと思いますか？

（思わない）

・自然に任せたい／父親の例をみて、ああはなりたくない。結局、周りに迷惑をかけた／植物人間になっても延命を望む親族の様子をみて、複雑な気持ちになる／全身にチューブが差し込まれ、ただ生かされているだけでは、本人も周りの人も幸せとはいえない。人生、静かに幕引きをしたい／尊厳死を希望するなら、書面にして残しておくべき

（どちらともいえない）

・身内なら、植物人間になっても生きていて欲しい

⑥　高齢者が置かれている現実について何でも

・ホームに入所しても、〝個〟の生活を保障してくれるところは少ない。このままの生活が続けられればいい／子どもたちに迷惑をかけることだけはしたくない／カネはあの世に持っていけないし、子どもたちに渡しても親のために使ってくれるとは限らない。（自分が）棄てられてしまう場合も多い。カネはみせガネだ。ちらつ

かせて子どもたちの機嫌をとる以外にない／結局、子どもに嫌われる親だと簡単に見棄てられる。常日頃から、子どもたちから可愛がってもらえる年寄りになるしかない

家族のふたりにひとりが親を看ない時代

「子どもにも生活があるから迷惑をかけたくない」「そのために葬式・墓は、自分で（資金を）用意する」「遺品整理も子どもに迷惑をかけるので、恥じないように事前に整理」「遺品整理代も残す」「植物人間になり、子どもたちに迷惑をかけたくない」などなど。

「子どもには迷惑をかけたくない」という文言ばかりが目につく。一方で、「昔は子どもが親を看るのは当然だった」「親をないがしろにしたのは教育が悪い」と現状を憂える。「自分が親を看てきたのだから、子どもが親を看るのが当然」といい切る高齢者もいるが、少数である。

確かに、本気で「子どもたちの生活を脅かすのは忍びない」と思う人もいる。

「できれば子どもに看てもらいたい」と思っていても、それを口にはだせない。「子どもに嫌われたくない」「子どもたちに可愛がられる年寄りに」「カネはそのためのみせガネ（投資）」だと思い込む。子どもはこうした空気を敏感に読みとる。

子どもたちに「両親はお年玉、誕生日・入学・就職祝いの〝カネのなる木〟」と思わせる。「オレオレ詐欺」で息子の窮状を救おうと、二〇〇万円を手渡した父親に対し、「他人に二〇〇万も渡すとは何だ。それは俺のカネだろう」と父親を責め、自死にまで追い込む。年金受給日にだけ施設を訪れ、通帳と印鑑を持ちだす子どもに育てたのも今の親たちである……。

もちろん、そうした親たちばかりではないことも承知している。今の高齢者の多くは、両親を看てきた人たちである。なのに、「子ども（孫）なら親の面倒を看ろ」といい切る自信が持てない。へんに優しく遠慮深い。

この現象を、〝介護の現場〟に限定すると、とんでもない現実が待ち構えていた。『PRESIDENT Online』（平成二六年一二月二〇日）というサイトに、〝ベスト・ケアマネージャー〟と称するFさんが、「親が介護になっても他人事みたいな感じで、そう深刻に受け止めず、我々介護サービス業者に介護を丸投げする人が結構いるんですよね」と証言しているとある。「家族のふたりにひとりが〝拒否・放棄（ネグレクト）〟する」時代だそうだ。

このことを、三年前の春、介護資格の取得を目指して専門学校に通学し、現在、介護施設に勤務しながら大学の通信教育を受けている妻（当時六六歳、自称〝ばばあスチューーデント〟）に話すと、「間違っていないと思う。実習先の施設でも、面会ノートが真っ白。来ても月に一、二回程度。入所者の多くが、施設（という「姨捨山」）に棄てられたと感じてしまうことが少なくない」と漏らした。

葬儀の在りかたも大きく変わった

終活では、「相続」「身辺整理」「葬儀」「墓」などを、エンディングノートに書き込む。「重篤になった場合の処置の仕方（尊厳死、自宅で最期を迎えるなど）」の欄もある。それなりのカネがかかることから、「終活産業コーディネーター」という職業（資格）も生まれ、専門書もある。

しかし、親の希望は子どもには伝わらない。その理由は、親はすでに死亡していること（亡くなっている親は文句をいえない）と、子どもには子どもの「事情」があり、そちらが優先されるからだ。単純にいえば、親と子の「価値観の違い」である。その親は「家族葬」を望んでも、子どもにも世間体や自己都合というものがある。その結果、派手な葬儀にしてしまうことも否定できない。

その逆もある。わたしの父親の葬儀（平成五年のこと）は、団地の集会所を借りて簡素に行った。その後、遺品を整理していたとき、引き出しから葬儀に関する「遺言（葬儀のやり方）」がでてきた。そこには、「葬儀委員長：北条秀司、副委員長：滝沢修、宇野重吉……」とある。

父は戦前、坪内逍遙の門下生として早稲田大学演劇博物館で、国劇向上会月刊機関誌『芸術殿』などの編集を手伝った。演劇評論家・研究家として新劇や新国劇、歌舞伎などに関わりを持つ仕事をした。戦後、母の疎開先の山形で「素人演劇運動」を起こし、地元演劇の基礎を築いた。わたしはそこで生まれた。

父親の希望をすべて拒否するのは問題があると判断し、戒名だけは父が指定した

「韜晦《とうかい》院風狂芸文居士」とした。この奇妙な戒名に住職は難色を示したが、強引に押し通した。戒名は「自分の才能・地位・行為などをつつみかくし、人の目をくらます酔狂な文士」というつもりなのだろう。確かに生前の父親を彷彿とさせる酔狂な戒名ではある。

「朝日新聞」（平成三〇年二月四日）に、「弔いのあり方」という連載がスタートした。その第一回目に、大阪府の三〇代の女性がアンケートにこたえて、

「一昨年父を亡くして実感したが、葬儀やその後の法要などは、故人のためだけでなく残された者が少しずつ死を受け入れてその後を生きていくために必要な行事でもあった。母から葬儀はいらないと言われているが、なにもしないことは考えられない」

と述べている。

葬儀のおおきさは別として、葬儀そのものはやらなくてはならないと思う人はいる。故人の思いと家族の思いには隔たりがある。俳優の三國連太郎の希望した「散骨」は、息子の佐藤浩市によって拒否され、佐藤家の墓地に埋葬された。

葬儀というものは、基本的に「喪主」の意見が尊重される。しかし、現実的には、喪主よりも家族（親戚）のなかで発言力のある人の意見に左右され、その意見に落ち着く場合が少なくない。わたしはそれを「正論忖度」と呼んでいる。世間体や常識を重んじる故に「正論」がとおる。「正論」＝「空気」、「空気を読め」である。あとで悪口をいう弔問客もいるだろうが、大半は口をつぐむ。

近年、「家族葬」という小規模な葬儀が多くなった。近しい身内だけで執り行うか、なかには火葬場で荼毘《だび》に付してお終い、という「直葬《ちょくそう》」が急増している。葬式にカネをかけるゆとりがないことにも起因している。

このように葬儀に対する考えかたも大きく変わった。

葬送ジャーナリストの碑文谷創は、

「少なくとも江戸時代から太平洋戦争後の復興期まで、お葬式は地域共同体を中心に、慣習に従って行われていました。檀家《だんか》制度の影響を受けた仏式で、場所は自宅かお寺。それが大都市周辺へと人口が集中した1960年ごろから、都市部の住民が葬祭業者へ『外注』して任せる動きが出てきました」（同紙）

という。

日本のバブル経済期には、会葬者数が平均三〇〇人、その七割が死者本人を知らなかったという。九〇年代に入ると、各地に葬儀社ができたため、自宅や寺での葬儀が減る。核家族化が進むにつれ、とくに都市部に関しては葬儀社に頼らざるを得なくなる。次第に小規模な葬儀「家族葬」が主流になる。

碑文谷も、

「最も簡素化志向が強いのは60、70代以上。この世代は会葬者への気づかいで大変だった親の葬式での苦い経験を悔い、子に迷惑をかけたくないという人が多いんです。（中略）家族は大きく変容し、バラバラになった。ひとり死も増え、悲しみが共有できなくなっています。お葬式が規範にがんじがらめの時代は終わりました。今こそ、生死の現実に向き合う時です。人間関係の原点に立ち返り、自分、家族、そして親しい者たちの問題としてとらえ、選択してほしいと思います」（同紙）

と結ぶ。

わたしの母の葬儀は「山形流」で執り行われた。菩提寺での葬儀のあと、遺体は実家に運び込まれる。会葬者への手伝いは近所の人たちが担う決まりになっている。田舎特有の共同体が力を発揮する。わたしが上京した昭和三八年ごろまで、頼母子《たのもし》講《こう》があった。金銭の融資だけではなく、布団づくりや清掃などの共同作業を行うため、地域には相互援助のシステムが機能していた。葬儀にカネをかけず、地域の住民で仲間を見送るという風習があった。

「山形流」といったのは、いわゆる「香典返し」が緑茶の包み一本のみということ。香典の金額の半分を香典返しとして返す「半返し」はない。たとえ一〇万円の香典でも一〇〇〇円程度の緑茶の包み一本。近所の手伝いの人が包む香典（三人で一〇〇〇円、個人で五〇〇円が多かった）に対しても、同様に香典返しは緑茶の包み一本。基本的に香典は葬儀代に充てるというのが当時の共通認識だった。葬儀も相互扶助のなかで賄うという発想は、非常に合理的だと思う。

宅配便で送れる遺骨

一般的に、長男は実家の墓を守る義務があるといわれる。長男夫婦は基本的にそこに入るからだ。次男以降は、自分で墓地探しをしなくてはならないとされる。「ぐるり」の常連客のなかに、北海道にお墓を残したまま上京した長男夫婦がいた。菩提寺にあるお墓の管理は親戚に任せている。当然、長男夫婦が管理する親戚にお礼をし、寺に管理料を支払う。問題は長男の死後、遺骨をどのようにして菩提寺まで届け、埋葬するか、である。

葬儀社の岩田裕之さんに聞くと、「宅配便で送ればいいんです」という答えが返ってきた。

「遺骨を宅配便で送る？　罰が当たるんじゃゃない？」「とんでもない。遺体を荼毘に付してお骨になる。ここまでは単なる骨、品物と同じ。菩提寺でお経をあげていただいた瞬間に遺骨となり、埋葬されることが可能になるんです。お墓を管理してくれる親戚筋に送っても何の問題もありません。心配ならわたしが菩提寺に届け、葬儀を仕切りましょうか？」と笑いながらいった。

戦後、地方から都市に大量の労働者が流れ込んできた。郊外には、公営や公団（現ＵＲ）などの狭小な集合住宅がたくさんつくられた。それと同じく、各地に聖地霊園が造成された。労働者の大半は次男、三男である。実家の墓には入れない。当然、自分が入る墓をつくる必要に迫られる。しかし求める人が多く、地の利のいい聖地霊園の墓地代は高騰した。

わたしの町にも聖地霊園があるが、大半は東京在住の人の墓地だ。聖地霊園に墓地を持つ「ぐるり」の常連来亭者は皆無である。「ぐるり」を取り囲む数十棟の中高層集合住宅の住人は、大半が地方出身者で、裕福ではないからだ。

　妻に先だたれた友人が、奥多摩にある聖地霊園に墓を設けた。とにかく遠い。墓参りに行くのも一仕事である。二時間以上電車を乗り継ぎ、終点の奥多摩駅からタクシーで三〇分以上かかる。確かに霊園は見晴らしがいい。「富士山が好きだったからねぇ」という妻の希望を叶えたという。

　その彼が突然亡くなった。子どもたちによって直ちに家が取り壊され、不動産会社に売却された。多分、遺骨は彼が買い求めた奥多摩の聖地霊園に納骨されたと思う。しかし、子どもたちが墓参りにでかけたという話を聞かない。あの墓はどうなるのだろうか。


　無縁の遺骨が増え続けている。置き場に窮し「粉骨」にして減（軽）量化を図ったり、遺骨の保管年数を短縮する自治体も増えてきたという。

　平成二六年八月一四日の「朝日新聞」によると、南房総に位置する千葉県館山市で、独居者か、身寄りがないか、いても遺体の引き取り手がない孤独死した遺体を市で火葬したケースが、過去五年で一七体あったというのだ。遺体の家族が見つかっても、「縁が切れているので、今さらいわれても困る」とか、「関わりたくない」という本音が見え隠れする。

墓守が絶えたか、経済的な理由などで放置された無縁墓の急増も問題視されている。墓回収の専門業者が無縁墓を回収し破砕したり、正式な集積場に集められる墓の数も増えている。

一方で、不法投棄される「墓の山」も増えた。平成二六年七月三〇日の同紙には、「兵庫県南あわじ市の山中には推定1500トンの墓石が山積みにされ、山の頂は高さ4メートルに達する」。さらに熊本県人吉市の市環境課で無縁墓の数を調べたところ、「市内の墓1万5123基の4割超、6474基が無縁墓だった。8割が無縁の墓地もあった」とある。「罰当たり」と一喝できない事情がそこに込められている。「ぐるり」の来亭者が抱える葬儀と墓の問題はまさに現代の縮図といえる。

大切なのは世間体？

エンディングノートには、「終末医療」に関する項目もある。友人の母親に、ステージ4の末期の肺がんが発見された。「延命治療は避ける」という本人の意思を再確認した子どもたちは、母を在宅医療で看ることにした。

数週間後、母親の容態が急変し、救急車で病院に搬送され、そのまま入院した。母親の意識はもどらず、入院が長期化し、鼻に入れられたチューブから高栄養の液体が胃に送られた。家族に動揺が生じはじめた。

家族会議が開かれ、母の妹（叔母）も参加した。その妹が、「息をしていて、体温も感じられる姉を見殺しにはしたくない」と延命治療を拒否することに猛反対した。その剣幕に家族の誰もが反対できなかった。結局、植物人間として一年以上も生き延び、最終的に、病院のベッドで、主治医によって死亡が確認された。

「葬式は簡素に、家族だけで。父親の墓には入りたくないので、自然葬にして欲しい。樹木葬でも、散骨でもいい」ともいっていたものの、母の妹の「世間体が悪い」のひとことで、父の墓に入れられた。葬儀も母の妹に仕切られ、大手の葬儀社によって執り行われた。「葬儀も盛会だったし、母さんも喜んでいるのではないかな」という兄弟もいた。

こうして母親の希望は完全に無視された。「家族会議の席で、母の妹が強硬に話を進めたとき、母の希望をきっちりというべきでした。母に悪いことをした」と友人は悔やんだ。

「子どもに迷惑をかけたくない」という親の希望は、兄弟や親戚の「世間体が悪い」「常識に欠ける」「みっともない」「姉の本心は妹が一番よく理解している」「普通が一番なの」などで、すべてがくつがえされたことになる。

不思議なことに、一連の結末をもっとも喜んだのは、子どもたちではなく母親の妹である叔母さんだった。友人は、「なんで母親の希望どおりにならなかったんだろう」といぶかった。叔母に異議を唱える機会は数多くあったにもかかわらず、すべてが母親の希望とは真逆の結果となってしまった。

「反対できない雰囲気があった」「正論のような空気が支配していて、口を差し挟む雰囲気ではなかった」ともいった。「誰も反対できない」「関わりたくない意識」「葬儀の常識」……。

人生の最期が自分の思いどおりにならないのなら、生きている間くらいは、自分の思いどおりに生きたいものである。子どもに気をつかい、親戚に気兼ねし、世間を気にする生活から自分を解放する時期にきていると思う。「これがね、なかなか思いどおりにはいかないのよ。これが人生なのよ」という人はそれでいい。

チューブだらけの〝竹馬の友〟

エンディングノートに記入しても、それは記入者の希望を書き記すだけだ。実行時には記入者はすでに死亡しており、記入者の希望を忖度するのは残された遺族である。

前出の家族の場合は、「自宅で最期を迎えたい」という母親の気持ちは、叔母（母親の妹）の強い要請によってことごとく翻され、最期を迎えたのは病院のベッドの上、それも延命のためのチューブが身体中に差し込まれた状態だった。おそらく家族の誰もが予想もしなかった姿だったに違いない。

最後に紹介する〝事件〟は、わたしの親友の〝死〟であり、それも家族（長男、次男）の希望ではなかったにもかかわらず、たくさんのチューブが差し込まれたままで最期を迎えなくてはならなかった事情のある〝死〟だった。本題の「親を棄てる子ども」とは真逆だが、「そうせざるを得ない」状況を受け入れなくてはならない父親の〝死〟だった。そういう〝死〟もあるのだ。

夫婦ともに医療過誤で殺されるという信じられない〝事件〟が起きた。

徳井邦正（仮名）とは、小中学校の同級生で、近所に住んでいた関係から、別々の高校へ進学してからも、往き来していた幼友だちだった、いわゆる〝竹馬の友〟である。

結婚した徳井が、妻を医療過誤で亡くし、係争中だったことは知っていた。年に一、二回会い、杯《さかずき》を傾けながら、近況を報告し合った。その彼が、妻と同様の医療過誤でこの世を去ったのだ。このあり得ない〝事実〟に言葉を失った。

新年の慌ただしさからようやく解放された平成二九年二月一日、「朝日新聞」の朝刊を目にして、不思議な気分になった。

「診断見逃し　がん進行　慈恵医大、患者側に謝罪」という見出しで、「東京慈恵会医科大学病院（東京都港区）で、東京都町田市の男性患者（72）が肺がんの疑いを指摘された検査結果を主治医に見落とされ、約1年にわたってがんの治療を受けられなかったことが、病院などへの取材でわかった」という。男性は肺がんが進行し、家族によると現在、意識がないという内容だった。

町田市には知人が三人住んでいるが、同い年は徳井だけだ。「徳井が誤診されたのではないか……」。不安がよぎる。

その日の午前中、松戸に住んでいる武村眞郎（仮名）から電話が入った。

「新聞読んだ？　アレ、徳井邦正のことじゃないか？」と電話口で早口にまくし立てる。武村のとっている新聞は産経新聞で、住所は明記されていなかったが、『妻も医療過誤で亡くなっている』と書いてあるんで、もしかしてと思い電話したんだ」という。わたしのとっている朝日新聞と産経新聞を読み合わせてみれば、かなりの確率で徳井が合致する。「家族に連絡を取ってみる」という武村の声が遠くに響く。今年に限って賀状がこなかったことに一抹の不安を抱いてはいた。

数時間後、「間違いなく徳井だった」と武村から電話が入った。「どうする?」「どうすればいい?」「このままじっとしているのか?」「いや、どうにかしたい」——。

結局、面会に行くことにした。面会、といっても徳井に意識はない。徳井がベッドでどういう状況に置かれているのか、この目で確かめたいという強い欲求からだ。「自分の目で確認しないうちは、信じられない」と思った。

「二月四日、新橋駅頭、蒸気機関車の前、三時」に武村と落ち合った。無言のまま慈恵医大病院へと急ぐ。ときおり吹く北風に足下をすくわれそうだ。一〇分ほどで、慈恵医大に到着。新聞発表の三日後なので、報道陣がいるのではないかという杞憂は霧消した。面会用の書類に必要事項を記入し、入館証を胸につけて入った。予想に反してあっけないほど簡単に入館することができた。ただ、そこから先が大変だった。

徳井がいるICU(集中治療室)の扉の前で待たされた。徳井の息子との連絡が取れず、ふたりの身分確認ができないからだという。連絡がつくまで待つしかない。約一時間後、「連絡が取れました」という報告があり、荷物をロッカーに入れ、除菌などの処置をしたのち徳井のいるＩＣＵに案内された。

一番奥の部屋といっても、カーテンで仕切られただけの空間は、〝個室〟を連想させるにはほど遠い。徳井はベッドにいた。しかし彼は、想像以上に過酷な状態に置かれていた。ブドウ糖液、リンゲル液の袋、輸血用の袋、それに不明の袋がスタンドにつり下げられ、徳井の体全体を覆うようにチューブが絡みつく。鼻には酸素吸入器と思われる管が差し込まれている。わたしは常に記録用としてコンデジ（コンパクト・デジタルカメラ）を持ち歩いている。コンデジをだそうとしたが、監視カメラがあると確信し思いとどまった。

確かに、徳井は呼吸らしきものをしていた。しかし意識はない。人間の耳は最後まで機能を持続させる器官だというが、目の前にいる徳井の耳に向かって今さらなにをいえばいいのか分からない。無数の管が全身に突き刺さり、徳井を生かすために働いている。徳井は、こんなことを望んでいたのか。違うだろう。妻の無念を晴らすためにおまえは先頭を切って運動してきたのではないか――。

「2003年東京医大病院にて、IVHカテーテル誤挿入で配偶者が脳死状態となり、2年後死亡。病院は事件の隠蔽を図ったが、メディアがスクープして周知となる」（「東京医大被害者遺族ネット発足趣意説明」より）。徳井は数年間、裁判を通して病院側と戦った。しかし結局、最後は和解となる。「妻に悪いことをしてしまった」と悔やんだ。

その後、「医療過誤原告の会」の役員となり、「東京医大被害者ネットワーク代表世話人」として多忙な日々を送っていた。その徳井が、今、妻と同じ医療過誤の果てに目の前にいる。

若い看護師が痰の吸引をしにきた。手慣れた段取りで口に吸引器を入れ、痰を吸引していく。ジュルジュル、ジュルジュル……。徳井が苦しそうに真っ赤な形相で身もだえた。そのとき何故か〝徳井が生きている〟と思った。「意識が戻ることはないんでしょうね」「ありません」「会話は……」「できません」――。看護師の適確な返答に何故か納得する。武村と話を交わすことはない。

武村と共有しているはずの時間は、多分わたしとは異質なものだろう。武村は徳井の裁判に足繁く通い、側面から支援してきた。目の前で粗い呼吸を繰り返すだけの旧友にかける言葉を失ったように、悄然と座りつづけている。

「帰るか」という武村の声で我に返る。「またきてくださいね」という看護師の声に送られるようにICUから廊下にでた。若い看護師から思わずでた常套句に、苦笑した。「またきてくださいか……。もうくることはないだろう」。新橋で呑み、御徒町に場所を移して痛飲した。

面会にでかけた日から二週間後に徳井は死んだ。

全身に突き刺さったチューブ、機械的に措置する看護師たち。そして、決して蘇生することはない絶望的な風景……。

徳井の場合、あれは絶対に「延命措置」ではない。過失を犯し、それを認めた病院側の「贖罪的措置」だ。今後の裁判や保証に影響する可能性がある以上、徳井の家族（ふたりの息子）としても、父親の身体からチューブを外して欲しいとはいいだせない。家族も、病院も抜くことができないチューブ——。

徳井の死はいったい誰のための死だったのだろう。そこには誰にも決められない〝死〟があった。

第3章　親を棄てられなかったわたし

一、妻とわたしの母親介護日記

母が脳梗塞で倒れた

介護保険がスタートしたのは平成一二（二〇〇〇）年である。増えつづける医療費の抑制と各行政区への移管を目的とした医療制度の改正だった。介護度を要支援1～2、要介護1～5までとし、介護度に応じて、受けられる介護サービスの内容に格差を定め、併せて入所できるさまざまな施設を設けた。いくつかの改正を伴い現在に至っている。多くの異論を耳にするが、わたしは画期的な介護制度だと思っている。

介護保険制度がスタートする以前の介護サービスは、どのようなものであったのか。現在の介護制度との比較、家族や関係機関（施設や病院）がどのように対処してきたのか。数字で示すよりも分かりやすいので、より具体的に介護の実態をみていただきたいと思う。

さらに「子は親にどのように対応してきたのか、看られる側の親は、子の介護意識をどのように感じたのか」を体験したわたしの事例をもとに検証してみたい。

脳梗塞で倒れた母（当時六六歳）を、妻の良子とわたしがほぼ毎日病院にでかけ、介護したのは昭和五四（一九七九）年から昭和五九（一九八四）年までの足かけ六年間である。今から四〇年ほど前のことである。

昭和五一年四月一日、母が脳梗塞で倒れた。幸い初期の治療が功を奏し、一命をとりとめたが、左半身に重度の麻痺が残され、山形市内にあるふたつの病院で点滴療法とリハビリ療法を二年間つづけたものの、これ以上、回復の望みがないことを理由に、市内にあるS病院に転院した。

市内中心部より東に位置する小荷駄町《こにだまち》の実家には、七四歳になる父親がひとりで住んでいた。姉は川崎に嫁いでおり、頻繁に母を見舞うことは不可能だった。

介護のためにすべてを投げ打ってくれた妻

母が倒れる一年前、わたしは出版社を辞してフリーのノンフィクションライターとして再出発したばかりであり、仕事を軌道に乗せるためには、もっとも大切な時期であった。母親が自宅療養できる状態ではないことを理由にS病院に一時的に転院。それ以降のことは父や姉と時間をかけて相談しながら解決しようと思っていた。

ところが転院して、一〇ヶ月ほどたった昭和五四年三月に、母が脳梗塞を再発して危篤状態に陥った。そこで、トラックに荷物を積み込み、助手席に妻の良子を乗せて帰郷したのだ。入籍を済ませただけで当然、結婚式は挙げていない。「最悪の場合は帰郷もありうる」と事前に了解は得ていたものの、有無をいわさない帰郷は、良子にすれば不本意だったたと思う。

昭和四二年に建てられたS病院は、産婦人科、内科、整形外科の三科を擁する、ベッド数約一〇〇床ほどの中規模の病院だった。一階が外来、二階が産婦人科と整形外科の病棟で、三階が内科病棟にあたるのだが、入院患者の大半が六五歳以上のお年寄りだったから、「老人病棟」と呼ばれた。

母は足かけ六年間、この三階の「老人病棟」に入院した。わたしと妻の良子は、ほぼ毎日、Ｓ病院の母の病室に日課のように通いつづけた。

妻、母の介護に悪戦苦闘

良子の最初の大仕事はオシメの交換だった。

太った母のオシメカバーはＬＬサイズ。その上に長さ五〇・幅二五センチメートルほどの紙オムツを三枚から四枚ほど使ってＴ字型に敷く。中心線をズラさないように気を配りながら、寝たままの母の身体を左右に横向きに動かして、素早くお尻の下に紙オムツを差し込んでいくのである。

言葉でいうと簡単だが、動きのままならない身体の大きな母のオシメ交換は、初心者には相当に難しい作業である。わたしはコツを会得するのに三ヶ月も要したほどだった。良子にも、大変な思いをさせ、苦労をかけた。

「それがね、そうでもなかったの。身体を左右にズラすときも、予想していた以上に素直に私のいうことを聞いてくれたの。もちろん、最初はなにをどうやっていいのか分からないから、それまでしてあった汚れた紙オムツの並び順を頭に叩き込んでおいて、それとは逆にやっていったら、意外に簡単にできた」といってくれた。

今でも感謝してる。

オシメ交換をしたことで、良子は母の信頼を獲得したのだが、母の良子に対する要求は次第にエスカレートしていった。最大の難敵は宿便、つまり便秘である。排便のために可能な限りの民間療法を試した。「グレープフルーツ」「ハチミツブレンド酢」、病院で処方される漢方薬「大黄末」をもってしても母のソレは頑固に抵抗した。

最後は浣腸となり、一件落着をみることになるのだが、この病院では、排便行為も一種のリハビリ運動とみなし、できるだけ自力での排便をうながした。

「ここの看護婦（現看護師。以下、当時のままの表現）は冷たい」というのだが、窮地に陥った母の常套句だった。

ある日、母はとつぜん良子に妙な注文をだしてきた。

「良ちゃん、絞てけねが……」

「絞る？　絞るって、お母さん、どこを……」

「けっつ、けっつばよ……」

ちなみに「けっつ」とは（山形の方言で）お尻のこと。ベッドの上で母は排便のために死にものぐるいで考えたのだ。なんとか楽にだせる方法はないものか。「大黄末」も「特製酢」も結局は思ったほどの効果をもたらしてくれない。そうだ、内部がだめなら、外部からなんらかの圧力をかければ、それだけ早く宿便が顔をだすのではないか、それには尻を押すことだ、と。

「いきなりオシメカバーを外せ、というので外すと、お尻をくるり、と横にして、ここを押せ、と麻痺していない右手で、押してもらいたい部分を指さしたのよ」

新鮮さを失って、しなびかかった桃のようなお尻を無造作にさらけだした母は、そう命ずるとさっそく顔を真っ赤にして、臨戦態勢に入っている。

「そこじゃない、もう少し上のほう」「ここ？」「違う。そら、その骨の下のほう」

……。

骨というのは尾骶骨で、蒙古斑のできるあたり、そのすぐ下を押してみると、なるほどいかにもたくさん詰まっている、といった固い手応えを得た。そこを集中的に押すのだが、なにしろ握力が両方とも十いくつしかなく、女性としてもかなり弱いほうの良子の手はほどなくガタガタになり、震えがきたという。

時間を経た母のそれは、出口の部分が乾いて固く、まるでふたをしているようだった。なかに取り残されたものたちは、それに邪魔された恰好になり、ますますでにくくなっている。その頑固な最初の部分がある程度取れれば、あとはなんとかなった。最初に顔をだす頑固ものを、良子はどういうわけか「ホロ」と呼んだ。

「そのホロがなかなかでてこないの」

作業の効率化と確実性を求めた良子は、キャップのついたボールペンの先にティッシュを巻きつけて掘りだしたり、スプーンでほじくり返してみたり、悪戦苦闘の日々を過ごした。ほぼ初対面の息子の嫁にいきなり「尻を押せ」というのは、それだけ苦しかったものと推測できた。また、良子は、母の全幅の信頼を得たと喜んだ。

見るに見かねて助言をくれるヘルパーや看護婦もいたが、ほとんどが見て見ぬふりを装った。心臓にも疾患のある母を思えば、負担をかけるようなことを勧めるわけにはいかなかったのだろう。だからといって中止命令を受けたこともない。

現在の介護現場では、規則により「摘便」は介護士やヘルパーが行う。面会人に手伝ってもらうことはありえない。自宅介護になっても、介護保険のおかげでオムツ交換や摘便は基本的に介護士やヘルパーの仕事となった。介護に関しては、細部まで厳格に細分化、専門化され、素人の介入は不可能に近い。

そのときのわたしと良子は、母が自宅介護になった場合を考え、病院で必要な介護の一部を学ぼうと、積極的に試みた。当然ながら、面会者の大半はオシメ交換や食事介助をやらなかった。

ヘルパーさんから学ぶべきこと

母がもっとも長くいた３１６号室には、母を含め六人の高齢者が入院していた。

毎日（多いときには一日三回）通い詰めることで、他の五人と親しくなり、いつのまにか「ひげの旦那さん」と呼ばれるようになった。わたしは親しみを込め、五人にニックネームをつけた。

折下エンさんは、たまに面会にきた息子が実の母親を横柄な態度で「あんた」と呼ぶのを見たので、「あんたさん」。流暢な英語を話し、「サンキュー」を連発する杉戸マサエさんを「サンキューさん」。いつも目をいっぱいに見開いてわたしを〝ジロリ〟とみる大類コマさんを「ジロリンタン」。釜鳴シゲさんは、水木しげるの「ゲゲゲの鬼太郎」にでてくる「ぬらりひょん」によく似ているのだが、女性なので「ぬらり姫」。最後に島本ハナさんは、NHK朝の連続テレビ小説「おはなはん」の主人公を演じた樫山文枝のぽっちゃりとした丸い鼻に似ていたので、「お鼻はん」。

この五人が巻き起こすさまざまな〝事件〟があったので、毎日面会にいくわたしや妻を飽きさせることはなかった。

いくつかのエピソードを紹介することで、当時の面会や面会人と入院患者との関わり方、それを見守るヘルパーたちの対応、そして主治医と看護婦たちの様子を浮き彫りにすることになるだろう。そこには、介護保険制度が確立した、現在の施設の分業化した乾いた雰囲気とは明らかに違う、自由でおおらかな空気が流れていた。

「あんたさん」には面会者がほとんどこない。病院では、せめて一週間に一度の面会を求めて、強制的に「病院洗濯」を「自宅洗濯」に切り替えた。それでも面会がない。廊下にあるブルーの巨大なポリバケツのふたを持ち上げんばかりに、汚れた洗濯物が詰め込まれているのを幾度も目にした。

ある日、「あんたさん」のベッドに、みかけない中年の男性がいた。真新しい清掃業者のユニフォーム姿が部屋の空気に似合わない。男はエンさんを「あんた」と呼び、しきりにもめている。

「〝あんた〟には我慢が足りない。時間がくれば替えてくれる人がくるだろう」

その男は、とつぜん「あんたさん」を叱りつけた。押し殺してはいるのだが、なにぶん力強く芯のある声だから部屋中にひびく。やがて「ヒーヒー」という「あんたさん」のすすり泣く声が聞こえてきた。ふたりの間になにかが起きたことは確実だった。場合によっては、間に入ることもわたしは覚悟した。

「遅ぐなて、ごめんな。エン婆ちゃん」

そこに、「あんたさん」の食事介助のためにヘルパーの市村さんが、いつもの元気な声で入ってきた。

すると男は市村さんのほうに向き直り、なにごとか突っかかる調子でまくしたてはじめた。わたしは一体どうなることかと固唾を呑み、母のベッドのパイプ・アームを握りしめながらコトの成り行きを見守った。

「そんなこと、わたしができるわけないべ。息子なら、そのぐらいすんのが当たり前だべ」

強い調子で市村さんが応じている。男はますます声のトーンを荒げた。

「なに、おまえは看護婦だろう。だったら、なんでできないんだ」

「わたしはヘルパーだ。看護婦なんかではないよ」

「なんでもいい、早くオシメを取り替えろ」

看護婦じゃない、と聞かされて、男は少し怯《ひる》んだようだった。

「あんた、エンさんの息子だべ。だったら汚ぐないと思うんだ。だいたいあんたは面会にもろぐにこねっていうんでないの。校長って仕事は、自分の母親さ逢いにくる時間もないほど忙すいのが。どだな事情があっかオレ知しゃねげんと、それではエンさんがかわいそうだべ」

気圧されつづけたその男は、気を取り直して帽子を被り直すと、スプーンを握りしめたままの右手で、市村さんを払いのけるような仕草をしながら、小走りに廊下へ飛びだしていった。

男は校長職にある「あんたさん」の長男で、身内の借金の保証人として判子を押したものの、身内が事業に失敗して夜逃げし、サラ金業者から連日返済の催促を受けているという。業者にみつからないように変装して病院にきたらしい。わたしに気づいた市村さんが、「校長の家さ、寝たきり老人がいんのは世間体が悪いとでも思てるみだいなんだ。捨でだつもりでもしてんでないの」といった。

ヘルパーが面会人に意見するなどは、現在では考えられないことだ。しかし、あの当時、わたしもヘルパーにオシメ交換や食事介助の仕方が下手だとずいぶん叱られた。

おかげで、その後、父親が倒れ自宅介護になってから、S病院で学んだ数多くの「介護の適格なテクニック」が生きた。妻もわたしもオシメ交換などはかなりのスキルの持ち主と自信を持っていえる。

年金こそ賢くつかえ

S病院老人病棟では、「面会は百の薬より効く」というのが共通したスローガンだった。そのために、あらゆる手を使って家族に面会を求めた。

病院や施設には「面会ノート」というものが備え付けられ、面会人はそこに名前を記入して病室に入る。かなりの面会人があるのだが、よくみると、どのページを開いても同じ名前が目につく。それは今も当時も変わりがない。

「ジロリンタン」と「ぬらり姫」のところには家族の面会はない。

ふたりに面会があれば、生きることにもっと積極的になったのではないかとよく思った。人に当たり散らすのも、寂しさと（面会がある患者への）嫉妬からきているものと推測した。病院側が面会を求めても、何かと理由をつけて親族は面会を拒否した。

わたしがS病院に日参していたころ、ユニークな方法で面会人をつくりだしている特別養護老人ホームがあった。山形市妙見寺にある「愛日荘」である。「愛日荘」に入所している老人たちは、老人福祉年金、厚生年金の老齢年金、国民年金、障害年金、遺族年金の受給者が大半を占めている。印鑑と通帳は入所者が所有し、愛日荘の事務所で一括して預かっている。その理由は、受給額にも差があることに加え、全額を家族に渡してしまう人もいたからだ。

そういう家族は、決まって年金支給日にのみ面会に現れた。嫌がる年寄りから無理矢理に、預かっている通帳と印鑑を取りあげる家族も少なくなかった。指導員Mさんは考えた。

「寝たきりの老人たちにとって、この金額の多寡が自分自身を守る最大の武器になる」

つまり、本人が亡くなった場合、家族にとっては遺されたおカネの行方が気にかかるから、生前中に本人をないがしろにするわけにはいかない。老人のほうはそれなりの発言力が得られると考えた。

入所者の持っているおカネは、家族や親戚との強力なコミュニケーションツールとなる。カネを媒介にするということへの抵抗感はあった。しかし、年金は基本的に家族に遺すカネではない。家族に遺す必要のないカネは、もっと「今」という瞬間にこそ生かされるべきだ、と。

Mさんは荘長や指導員仲間と相談のうえ、ひとつの作戦を練り上げ、そのターゲットを身寄りが少なく、面会人のこないTさんという八二歳になる元校長先生に絞り込んだ。

作戦というのは、Tさんの持っているおカネを、身内や知人に謝礼として与える代わりに、見舞いや面会にきてもらおうというものだ。あるいは見知らぬ人にボランティアという形式をとり、そこに諸費用（交通費、手土産代など）として払い込んでもいいという方法である。

当然、Tさんは拒否した。独り身の老人にとって、おカネだけが嘘をつかない味方である。Mさんは、面会人のある生活はどれほど楽しいものなのか、繰り返し説いた。そして、やがてMさんの熱い情に絆《ほだ》されたのか、Tさんも承諾した。こうしてこの「面会方法」に納得した友人や知人が面会にきたという。実際には、謝礼を受け取る人もいたが、ボランティアなので、という理由で断る人もいたらしい。問題は残される。建前からすれば、個人のおカネの使い道は個人の自由意志に任されるべきだ。

愛日荘の個人貯蓄額はひとり平均二〇〇万円（当時）ほど。その金額でどれだけの期間、面会人をつなぎ止めておくことが可能なのか。「カネの切れ目が縁の切れ目」だってことも起こりうる。

幸いにも、Tさんにはその後も切れ目なく面会者が現れた。なによりの収穫は、Tさんに明るさがもどってきたということだ。Mさんの作戦は成功したといえよう。

二、母の介護でみえてきた問題点

老人病棟の開設

母が入院するS病院に本格的な老人病棟が開設されたのは、昭和四八年だった。この年に老人保健法が改正され、老人医療が無料化したことと無縁ではない。

長期療養をすることで保険点数が増大し、それだけ病院経営を潤した。「薬漬け」「検査漬け」の問題が残るにせよ、母のような病人を引き受けてくれる専門の老人病棟が開設されたというだけでも、在宅介護に疲れきっている家族にとっては朗報だった。

ところが、およそ一〇年後の昭和五八年二月、再びこの保険法は改正され、長期入院患者の保険点数の上限が決められたので、良心的な病院ほど経営が圧迫され、やむなく自宅に帰すか、あるいは軽費老人ホームや特別養護老人ホームに移される老人患者がでてくるようになった。

特別養護老人ホームは、老人病棟と老人ホームの中間に位置するような施設で、介護がないと日常生活は営めないが、病状が固定した人たちが入所している。医者（非常勤も可）、看護師、ヘルパーと呼ばれる介護者が、入所者数に比例して配属されている。


山形市では、先に紹介した「愛日荘」が最初の特別養護老人ホーム（特養）で、昭和五五年三月に開設された。その後、昭和五八年四月に、ようやく「みこころの園」が新設された。県の特養開設も、ほぼ同時期だった。だから母がＳ病院に転院した昭和五三年当時は、まるで手探りの状態といえた。

それ以前の寝たきり老人たちは、短期間（当時は三ヶ月が多かった）に病院を転々とするか、自宅で家族により看護（介護）するしか方法がなかった。

岡山県笠岡市にできた「きのこエスポアール」という呆け老人専門病院も、新潟県北蒲原郡黒川村（現胎内市）にある養護盲老人ホーム「胎内やすらぎの家」のような盲人専用の老人ホームも、山形県内にはまだ開設されていなかった。

山形市内にある特別養護老人ホームでさえ、合わせて一三〇人の収容能力しかなく、昭和六一年度には、入所するのに一、二年は待たされるのが普通だった。デイ・ケアやショートステイなども、本腰を入れはじめたばかりであった。実際には、退院して在宅看護になってしまった人たちへのアフターケアもほとんど手がつけられていない、というのが実情だった。

そのような状況下にあって、山形市内にあるSK病院は、昭和五二年から、退院した患者の健康管理と家族の介護能力を高めたり、精神的な支えになることを目指して、訪問看護をつづけている数少ない病院のひとつだった。

病状が悪化すれば、すぐにSK病院に再入院できるシステムを採っていたのだが、訪問しに来た医師や看護婦を、どうしても家のなかに入れない家族もあったという。地域によっては、訪問看護というシステムがまったく理解されず、新たな考えを受け入れない空気を色濃く残していた。

市でも、在宅、寝たきり、単身及び夫婦の老人世帯に対して、有料一五人を含む三五人の老人家庭奉仕員（ヘルパー）を派遣しており、三〇人の老人福祉相談員、老人居室のための整備資金の融資斡旋や利子補給、紙オムツ支給、移動入浴車派遣などのサービスを実施していた。

昭和六〇年度で、山形市には六五歳以上の独り暮らしの老人が約一〇〇〇人、寝たきり老人が五〇〇人もいた。呆け老人にいたっては、ようやく昭和五九年になってから一〇〇人という数字をつかんでいるにすぎなかった。

いい看護婦、悪い看護婦

老人専門の病棟を新規に開設したS病院にしても、老人への看護・介護に関しては手探りの状態だった。院内機関誌『四季』に、看護婦長Oさんが「医療の中の老人看護」という一文を寄せている。そのなかの5ヶ条には、当時の病院とそこで働く看護婦が、老人看護に真摯に向き合おうとしている姿勢が読み取れる。

一、（患者は）肉体的にも、精神的にも、予備力が低下している。

一、複数の慢性疾患をもち薬の副作用がおこりやすい。
一、環境への適応が困難になる。
一、訴えが少ない。呆けの傾向もあってか。
一、老人のほんとうの思いはわかりにくい。

老人看護は、実践のなかで、むしろ老人から教えられることのほうが多い毎日だと看護婦長Oさんはいう。看護婦A子さんは同じ号で、

「この老人たちと顔をつき合わせているのもなかなか大変である。一般的な看護というよりも、むしろお年寄り相手のおばさんといった感じの方が本当は似合っているのかもしれないと思えることもある。そのおばさんの中に看護を入り混ぜて接触したほうが患者さんも安心するところがあるのではないだろうか。忙しい忙しいのほうが先走りをし、ゆっくり話し相手になったり、観察したり悩みを解決してあげたりできない現状である」

と述べている。看護婦がいかに患者のために看護の仕方を工夫していても、受ける患者が必ずしも看護婦の気持ちを十分に汲み取っているとは限らない。

母でさえ、自分に都合のいいことをしてくれる看護婦が「いい看護婦」で、適切で合理的に接する看護婦は「悪い看護婦」と認識する。母の病室を担当したH看護婦は、どちらかというと嫌われた看護婦だった。接し方に無駄がない。スプーンを使って食事をした「サンキューさん」のスプーンを取りあげ、箸に代えさせた。回復可能な患者にはとくに厳しく対応した。ときには見舞客や面会人に対して、注意指導を与えることも少なくなかった。見舞客のなかには、禁じられている食べ物や、病院食に醬油をかける場合がある。「本人が希望するから」という理由であった。しかし回復を願って看護しているHさんには、これが許せなかったようだ。

看護婦の課題は、「すべての患者のADL（日常生活動作）の拡大」である。スプーンから箸の使用へ、オシメからポータブル・トイレへ――。生活するうえで、最低限必要な動作の修得こそ、病院が望んでいる最大目標のひとつである。看護婦は文字通り看護（ケア）する立場にあるわけで、患者は排便から食事、配膳、収膳、入浴などまで、あらゆる角度から個別にチェックがなされる。箸がスプーンになってしまうことは、ＡＤＬの縮小、後退になるわけである。精神的な甘えは、肉体的な甘えに直結する。

（母には）塩味の薄い病院食に、少し醬油をかけて食べたい、と思ったとき、すぐ醬油をだしてくれる人がいい看護婦なのである。

回復したい気持ちと、塩分を多量に摂ることは身体によくない、ということがひとつには結びつかない。あえていうなら、回復するのが少しばかり遅れても、自分の要求はかなえて欲しい。自分にだけは他の患者と違って特別に優しくして欲しい、というのが本音なのだ。だから、ここでは「適切で合理的」な看護法が、必ずしも素直に患者に受け入れられるとは限らないのである。

「退院勧告」vs.「退院拒否」

母の入院するS病院老人病棟は、間違いなく病院である。しかし長い間、それも毎日面会にでかけていたわたしたちには、入院患者によって、S病院老人病棟はさまざまな顔をみせた。ある程度、病状の固定した人や、比較的病状が軽く、入院後間もなく健康体に戻ってしまった人たちにとって、「ここは病院である」という意識は、ひどく稀薄であるようにわたしの目には映った。

容態が急変したり、再発したりすることで病院に入院中であることを改めて自覚することもあるだろうが、本音は、老人病棟を〝養老院〟と考えている人もかなりいるようだ。医者付き養老院、つまり特別養護老人ホームである。

そういう人たちにとって、S病院の老人病棟は最高に居心地のいい場所であった。「退院？　とんでもない」。家に帰れば嫁や子どもたちに邪魔者扱いされるのが目に見えている。帰ることを切望している家族は意外に少ないようなのだ。

「退院勧告」vs.「退院拒否」という構図があることは、今ではあまり考えられないかもしれない。いってみれば、「病院」vs.「家族」のせめぎ合いである。

ここを離れたくない患者と、帰ってきて欲しくない家族との思いが見事に一致するのだから、ことは簡単には解決しない。病院側が繰り返し退院を迫り、説得しても、家族も本人も聞く耳を持たない。しかし、ベッドが空けば、数日中に次の患者で埋まってしまうほどの現状では、病院側も必死にならざるを得ない。

母の病室の隣、317号室にいる八代タマさんは病院生活を謳歌している患者のひとりだった。

居心地の良さについて、個人的に楽しんでいる分には、さほど大きな問題にはならない。ところが、タマさんは、自分自身の喜びを独り占めにするのはもったいないとでも思ったのか、ある日リハビリ室にひょっこり現れ、懸命に頑張っている仲間に向かって、

「あんた、そんなに頑張ってはだめだよ。良《え》ぐなったら、すぐにでて行げっていわれるよ」

元気を取り戻した患者の傍に行っては、

「治ったなんていっちゃだめだよ。いづでもあそご痛《いだ》い、ここ痛いっていっていってっど

いいんだ。ちょっとでも具合悪《わ》れど思ったら、大声で先生呼べはな」

といった具合である。

つまり、まだ治りきっていない、だから退院なんてとんでもない、ということを病院側に分からせなさい、とふれ歩いたのである。

この病院を居心地のいい隠居所とでも考えているタマさん同様、ようやくのことで入院させることのできた家族のほうも、ここは厄介な年寄りを預かってもらえる別天地とみているようだった。

看護婦のWさんの話によると、306号室に入院させることのできたある家族は、ベッドに横になり、血圧や体温を計っている九〇歳になる父親の耳もとで、こうささやいたという。

「じいちゃん良《え》がったなあ。じいちゃんの死ぬ場所はここなんだがらなあ。もう家さ帰らんないんだがらなあ」

横にいた看護婦のWさんは、なんという息子だろう、と内心呆れ果てた。耳の遠い父親は、終始うれしそうに聞いていたという。

ここまで、はっきりと口にだす家族はそういるわけではないが、「ずうっと、ここさ置いでけらっしゃい」という家族は意外に多く、それを聞くたびに看護婦のWさんは、ドキリとするそうだ。「つまり、帰ってこなくていいよ、ここで死ぬんだよ、っていった家族と同じ気持ちが込められっでいるんだもの。普通なら、頑張って早く家さ帰ってこい、っていうはずだべ」

そういう家族に限って、その後、面会にこなくなる。退院にも同意しない。ひどい時には亡くなっても、遺体さえ引き取りにこない家族もあるという。「子が親を棄てる」という〝棄老事件〟はこのようなところにもあったのだ。


今にして思うと、四〇年前のS病院老人病棟は「姥捨山」になりかけている部分があった。

現在でも、施設への入所を「姥捨山」と、心のどこかで思っている家族はいる。異次元の空間（施設）に隔離することで、現実（実生活）と距離をとることが可能になる。そうしなければ残された家族の生活が成り立たないのも事実だ。

当時も今も、親に残された唯一の救いは、「面会」だろう。入所（入院）者は家族や知人、親戚の温かい声援を身体中に受けて闘病生活に励み、退院する日を渇望する、これが理想の姿だろう。

実際には、家族に望まれて退院していく入所（入院）者は稀だ。それは今も当時も変わりがない。帰るべき家の部屋を空け、あるいは増改築しなければならない。入院が長期になると、家庭の日常生活そのものが大きく変化していく。子どもも成長し、子どもの部屋も必要となる。

今まで親が使っていた部屋が子どもたちにあてがわれることが多く、いざ帰るとなると、その部屋を再び元に戻さなくてはならない。部屋の整理とともに気持ちの整理もきっちりつけなければ、なかなか親を気持ちよく迎え入れることは不可能となる。

現在のように「第二の受け皿としての施設」が整えられていない当時は、仕方なく引き取るか病院を転々とたらい回しするしか方法がなかった。比較的居住に関してはゆとりのあるはずの当時の山形市でさえ、高齢父母の帰る場所はなかった。一度できてしまった生活のリズムは、ときとして昔のリズムを刻むことを困難とさせた。親への思いはあるものの、ルーティーン化された日常生活に、おいそれと非日常性を取り込むことは非常に難しい。だから家族も親も退院を拒むことになる。彼らにとって、決められた病院の生活こそが本当の日常生活だと考えるのは当然といえた。

病院で過ごす「一日」というそれぞれの単位

季節に関心を示さない母を含めた同じ病室（316号室）の六人は、今日が何の日であるのか、何曜日なのか、ということに関しても、ほとんど無関心である。それでは時間の流れにまったく関心がないのか、というと、これがけっしてそうではない。それどころか、気もそぞろになるほど関心を示す時がある。それが「一日」という単位なのだ。

六時に起床。歩ける人は洗面所で顔を洗う。ベッド・アップして朝食を待つ。その間に看護婦やヘルパーたちと朝の挨拶をする。お茶が、特大のアルミの薬缶からコップに注がれる。朝食。配られた薬をのむ。午前中の検温・血圧測定などの検査。一〇時にオシメ交換。やがて一一時半となり、昼食。食事が済むと、母のようにオシメをしている患者は、不思議に紙オムツの在庫の量を、ポータブル・トイレの人は、なかみがきれいに捨てられているかを気にする。入浴を待つ人は、「誰が入れてくれるのだろう」と心配する。

午後になると、主治医の回診。オシメ交換。四時半の夕食、七時のオシメ交換。そして九時の消灯。——

その間に、お菓子、ティッシュ、海苔の佃煮などの補充の心配をする人、リハビリにいく人、テレビやラジオを見たり聞いたりする人、午睡する人、「ぬらり姫」のように終始、悪口を誰といいあうわけでもなく、ぶつぶつと口にする人もいれば、面会を心待ちにする人もいる。歩ける人は他の部屋に遊びに行ったり、隣室の早川トヨさんのように病棟内の顧客訪問（御用聞き・有料）に精をだす人もいる。

病院の一日に一定のリズムがあるように、患者さんたちも、きちんと決められたリズムを持っている。そのリズムの刻み方は、人によってまちまちなのだが、一日という時間の流れのなかで、それは見事に配分され、それがまるでスケールで計ったように、毎日、ほとんど同じ時刻に同じリズムを繰り返す。そのリズムが病院のリズムとうまい具合に共振し合っているのが分かる。

そして、自分のリズムを崩した人から、個室送りとなる。

患者さんたちの生活の単位が「一日」であり、それ以上も以下も望まない、ということが分かったのは、母がこの316号室に移されてから一年ほどたったころのことであった。

〝金太郎飴〟のような老人病棟で

昭和五九年八月二一日に一〇回目の再発を起こし、母はそのまま帰らぬ人となった。

老人病棟というのは、「金太郎飴」だとS病院に通うたびに思った。金太郎飴のどこを切っても同じ顔がでてくるように、S病院老人病棟の毎日にほとんど変化はない。「一日」という時間のみをもっとも大切にする〝仲間たち〟は、だから常に一日のうちの〝何時の顔〟しか持ち得ない。

しかし一見、無表情にみえる〝仲間たち〟の表情は、よくみると実にこまやかなことが分かる。老人病棟という名称は、どこか〝姥捨山〟に似た「暗さ」を秘めたイメージを与えがちだが、どうして、彼女（彼）たちはしたたかな明るさをもきちっと持ち合わせて生きているのだ。

両親が元気なころは、山形の医療や在宅介護、介護施設などについてはほぼ無関心でいられた。母が倒れ、S病院に入院してから突然、医療、看護、介護の世界が気になりはじめた。当時の山形の老人福祉対策の実情を把握し比較することが、これからの高齢者の医療や福祉対策を考えるうえで重要だと思った。

母がS病院に入院していた当時は、医療、介護の世界は、今とは隔世の感がするほどのんびりとしていた。

母が亡くなった直後の山形市の老人福祉対策（昭和六一年から六三年）がどうなったのか、その変化をみてみたい（カッコ内は昭和六〇年度）。

山形市の独り暮らしの老人一三八六（約一〇〇〇）人、寝たきり老人七四六（約五〇〇）人、呆け老人一四六（昭和五九年度約一〇〇）人。いずれも4割以上も増している。これに対して老人ヘルパーの数は三四（三五）人とほぼ同数である。

一方「寝たきり老人」を収容する病院といえば、昭和五九年二月の老人保健法の改正により、保険点数の上限が設定されたことで、長期療養者受け入れを拒否して、病状の固定した患者から早めに退院を迫るようになった。

だが、退院してはみたものの、特別養護老人ホームは昭和六三年四月一日より「みこころの園」に三〇床の増加をみるだけである。つまり、「寝たきりや呆け老人」は急増しているにもかかわらず、ほとんどが「在宅介護」を余儀なくされるため、「在宅介護サービス」もさらに、人手不足で低下の一途をたどる、という図式を描いた。

山形市では、寝たきり老人は「在宅介護」が当然という考え方が昔から支配的だった。とくに呆け老人を抱えた家族が、一時的にもせよ、精神病院に入れようとすると、「あだなどごさ親ば入っで親不孝者」と周囲から陰口をたたかれるため、部屋に鍵をかけて、できるだけ他人の目に触れさせないようにする家族もいると聞いた。

その「寝たきりや呆け老人」を誰が看るかというと、これも昔から大半が長男の嫁と決められていた。

ところが当時、山形は全国でも有数の低所得県であったため、共稼ぎの家庭が圧倒的に多い。そこで、義父や義母が「寝たきりや呆け老人」になると、嫁が仕事を辞めて介護にかかりっきりになる。これを「看たもの貧乏」といった。この貧乏くじを引くのが長男の嫁と決まっていたため、長男に対する嫁不足が深刻だといわれていた。

当時、全国的にも呆け老人を看る施設は「精神病院」という発想しかなかった。行政側も、呆け老人の専門病院を建てるという意識に欠けていた。

そうしたなか、山形市や東根市、酒田市に、早川一光氏を相談医とする「呆け老人をかかえる家族の会」(現 認知症の人と家族の会) の支部会が発足した。早川氏は京都西陣にある、住民出資による病院「堀川病院」の院長で、とくに「呆け老人問題」に関しては、当時の日本を代表する医師であり、ユニークな講演で多くのファンを持っていた。

母が亡くなってからの二年間で、S病院にも変化がみられた。昭和六二年四月から、「退院者の訪問看護」に着手した。病状が悪化すれば、S病院へ優先的に再入院できるシステムを採った。そして、食事時間を朝八時、昼一二時(旧一一時半)、夕方六時(旧四時半)に変えたことだ。

これまでは、給食係やヘルパーなどの勤務時間に合わせて食事時間を設定していたが、これでようやく健常者と同じような食事時間となった。ところが、患者の家族から、「こんな遅い時間では、帰宅時間が遅くなり、実家での夕食時間に支障を来《きた》す」とクレームがついたという。

病院側が患者に合わせて食事時間を設定しても、面会にくる家族から「家の食事時間が遅くなる」という苦情――。食事時間ひとつとってみても、難しい問題に直面していた。

母に見守られた妻とわたし

急激な高齢人口の増加による先のみえない医療・介護問題や、悪戦苦闘する看護・介護の最前線――。

その萌芽のようなものが、この山形市のＳ病院にあったような気がする。当時は何事にもおおらかで人間くささが残されていた。院長、婦長、看護婦、ヘルパー、インストラクターやケースワーカーまでのんびりとしていた。いい加減さがあった。だから、わたしも妻もＳ病院に行くことに抵抗を感じなかったのだ。正直、懐かしい。いい時間を過ごさせていただいたと思っている。

今から四〇年前の介護の現場を拙著『Ｓ病院老人病棟の仲間たち』を通して報告した。当時のことをもっと詳しく知りたい方は、拙著を読んで欲しいと思う。

「親を棄てられなかった子ども」という視点で介護の現場を述べてみた。これは、あくまでも四〇年前の介護・看護の様子を紹介するためであった。もっとも、戦前（といっても空襲も知らない昭和一九年）生まれのわたしの体内には、まちがいなく「子が親を看る義務」という信念があったことは事実である。

当時、わたしの周辺には、親の介護のために切羽詰まった状態に置かれるような人は、現在よりもかなり少なかった気がする。平均寿命が現在よりずっと短く、介護をする前に、肝心の親が死んでしまうことのほうが多かったのだろう。逆をいえば、今はそれだけ長生きする親が増えたということなのだ。

その後、父親が要介護状態になり、介護施設と病院が併設されている施設に入所した。さらに市内の特別養護老人ホームに移り、平成五年に亡くなった。

父の場合も施設への面会を絶やさなかったという意味では、「見棄てなかった」ということになると思う。

第4章　「棄老」に至る要因の根底には……

「ぐるり」に子ども食堂をオープンさせる

原因なくして、突然「棄老」が出現するわけではない。「棄老」にいたるおもな要因として、子どもへの育児放棄や虐待、家庭内暴力などのさまざまな「ネグレクト」が考えられる。将来の「棄老」の萌芽ともいうべき現象が、この地域にもみられた。

ネグレクトとは、「怠慢・無視・放置の意。養育者による、子供に対する不適切な保護や養育。衣食住を十分に世話しない場合や、精神的・医療的なケアを十分に行わない場合など。栄養不良や発達障害などを引き起こすほか、人格形成に多大な影響を与える可能性がある」（『スーパー大辞林』より）とある。

「親が子を棄てる」。この忌まわしい言葉には、何より、親が育ってきた環境（親の子ども時代に、親から受けた愛情の深さなど）がおおきいといわれている。自分が親として子どもと向き合うことになったとき、受け継いだ子育ての「環境」を、そのまま子どもに与えることになる。当然、「正・負」の両方である。それは親から子へ、子からその子の子へと受け継がれていく。

平成二九年二月から、運営する「ぐるり」で、「子ども食堂」をはじめた。子ども食堂が全国的に急激な広がりをみせたのは、ここ数年である。ブームともいえる現象が起きている。平成三〇年四月四日の朝日新聞によると、全国に二二八六ヶ所もあるというから、それから半年後の現在（平成三〇年一〇月）では、さらに増えていると推測できる。

子ども食堂は、貧困な家庭や子どもの孤食という現実のなかで、満足に食事もとれない子どもたちに、おもに夕食を提供する。食事だけではなく、学習支援や見守りなどを合わせ持つ「地域の交流の場、居場所」としても注目されるようになった。

しかし、誰でも「子ども食堂」を気軽にオープンできることが、問題を抱え込みやすくする。

「子ども食堂利用者」＝「貧困家庭」というレッテルを貼られるのを嫌って、利用しない家庭もある。そのため、誰でも利用できる「みんなの食堂」という看板を掲げるボランティア団体も少なくない。

「ぐるり」で子ども食堂を開設するための案を持ち込んできたのは、社会福祉協議会の社会福祉士Y相談員である。この地域に住む、複数の母子家庭の窮状を目の当たりにしたY相談員からの提案をわたしは快諾した。

最低限必要な資金とボランティアを「ボランティア講習会」に参加した人のなかから集め、福祉関係の大学生、食事に必要な食器、調理道具などを用意してスタートさせた。

「ぐるり」には、簡易ではあるがキッチンとトイレが完備されている。寄贈品ながら冷蔵庫も電子レンジ、まな板や包丁、大小の皿もそろっている。子ども食堂を開催するにあたっての支障はない。

こうして数人の子どもを食事面から救済するために、「子ども食堂」をスタートさせた。「ぐるり」で開かれる子ども食堂の場合、利用を希望する家庭は、基本的に社会福祉協議会に申し込む。社協で家庭の状況を精査し、利用の有無を通知する。決定の基準については、個人情報の範疇になるため、わたしに知らされることはない。

ただし、スタート時には二家族七人と少なく、利用人数の読めない状況だったため、その場で頼まれれば受けるというのが実情だった。だから、「ぐるり」での子ども食堂に関しては、利用者を生活困窮者のみと限定していたわけではないようだ。これには、「利用者は貧困家庭」という目でみられることを避ける目的もあったようだ。

開催日は毎月第二、第四木曜日、午後六時より。調理担当のボランティアは、午後四時から仕込み作業に入る。わたしは、午後三時に「ぐるり」に入り、子どもたちが食事をするためのテーブルをセットし、料理機材をそろえてボランティアを待つ。帰宅は夜九時前になった。

子どものために食事をつくる習慣がない

オープン当初、驚かされたことがある。基本はご飯と味噌汁、漬け物、皿に盛りつけられた主菜類(障害者福祉サービス事業所「どんぐりの家」から取り寄せ)、それに食後のデザート。

盛りつけにも工夫のあとがみられるし、それなりに見栄えのいい夕食だと思った。普通の家庭ならありふれた献立だろう。ところが、子どもたちの箸が進まないのだ。ためつすがめつするものの、いっこうに食べる気配がない。自分たちがつくった料理を食べて欲しいボランティアが、主菜の説明をしたり、栄養のことを話すものの、返事がない。「お菓子、食べてきた?」と聞くが、首を振るばかり。困惑した同席の母親の顔――。

どうやら主菜が皿に盛りつけられ、ご飯と味噌汁がつくといった、ごく普通の食事をしたことがないようなのだ。主菜のアジフライやきんぴらゴボウ、野菜炒めなどを食べたことがあるだろうと思うのだが……。学校給食と味付けが違うのだろうか。困惑している子どもたちをみて、食事を提供しているボランティアやY相談員、そしてわたしも困惑する。

「どんぐりの家」の食材は、大人向きのため、やや塩味がきつい。大人のメニューといえなくもない。とはいえ、かつて家族で食卓を囲み、同じ食事を口にしてきたわたしには、信じがたかった。

近年、子どもには大人とは違う別メニューの食事をだす、ということは耳にしていた。しかし、ここは子ども食堂である。一般の食堂のようにさまざまなメニューを提供できるはずもない。机に肘を伸ばしたり、頬をつけて真横から皿をみあげたり、箸を主菜に突き立ててみたり、食事をしようという雰囲気ではない。付き添ってきた男性ボランティアが叱責しても、箸はほとんど動かない。普段、母親は子どもたちにどんな食事を提供しているのだろうか……。

「実は、今回の子ども食堂をはじめるにあたり、いくつかの家庭を訪問しました。ある家庭の台所をみて驚きました。シンクもなにもかも新品同様。きれいに使っているのかと思ってよくみてみると、使った形跡がない。つまり……」とY相談員が言葉を濁す。

つまり、ほとんど料理をしていないのだ。近くのスーパーででき合いの総菜を買い求め、それを皿に盛りつけテーブルにだす。それにしても味噌汁くらいはつくると思うのだが、味噌汁もインスタントなのだろう。いや、炭酸飲料水やジュースが当たり前なのかもしれない。母親が子どものときに経験した食事風景が、そのままそこに繰り広げられていても、何も不思議なこととは思わないのだろう。

休日には給食がない。親が外出する。テーブルには数百円の小銭のみ。それで好きなものを食べるようにしているのかもしれない。子どもたちが栄養のバランスを考えて買い物をするとは考えられない。好きな菓子を買い込んで食べる。

親のいない、子どもだけの食事はおそらく全員バラバラに食べるのだろう。子どもの「孤食」である。団らんといった食卓を囲むという習慣はもはやないのだろう。それでもおカネをおいていく親はいいほうなのかもしれない。おカネも食事の用意もせずに、外出する親もいると聞いた。

「キャラ弁」でなくてもいい

二〇一三年の暮れ、足立己幸（女子栄養大学名誉教授）氏の講演会「65歳からの共食」を自主開催した。

足立氏は、「（老いも若きも）共食は食事のバランスを良くし、高齢者の心身の健康を促し、地域の元気にもつながる。孤食はその逆。みんなで食べる共食の実践を」と力説された。これは高齢者向けの講演会だったが、「孤食は孤立にもつながる」という発想は、子どもたちにも共通した課題だと思う。

ひとりで食事してもおいしいとは思えない。食事の時間もバラバラ。母親が食事の内容をチェックすることもないのだろう。だから、心身の発達のための重要な栄養素についても無頓着になる。好きな駄菓子を買い食いしようが問題視することもない。朝食を十分にとるという習慣もないのだろう。「給食が唯一の栄養源」という子どももいると聞く。

だから、「ごく普通の、どの家庭でも食べている夕食を期待して、子ども食堂を利用した」と考えて欲しいのだが、「一〇〇円（子ども一食の値段）で食べられるから」というのが本音だとしたら、あまりにも寂しい。

集団で食事をとることに不慣れな家族にとって、「ぐるり」での子ども食堂は最適な場所ではないのかもしれない。月二回の子ども食堂の雰囲気に慣れてくると、今度は一部の子どもたちは、食事量の多少から、献立、盛りつけまで多岐にわたって食事内容に文句をいいはじめる。好き嫌いがあるのは理解できる。しかし、ここでは個別対応は不可能だ。参加者全員が同じ食事内容になるのは当然のことである。また、「同じメニューを、みんなで一緒に食べる」ということが大切なのである。しかしそれが一部の子どもたちには理解できない。嫌なものは嫌なのである。そうした箸の進まない子どもは、どうしても周囲が気になり、隣の子どもにちょっかいをだす。だされた子どもは、ちょっかいをだした子どもにやり返す。つられてほかの子どもたちも騒ぎだす。

学校給食を見学したことがある父兄に聞いたことがある。学校では、先生の目が行き届いているためか、それなりに静かに食事をするという。ここは学校ではない。先生の目もない。学校ではないという解放感がそうさせるのだろうか。やがてひとりの子どもが、「賑やかなところは苦手だ」といってこなくなった。間もなくその家族全員が顔をみせなくなった。

子ども食堂の利用者は基本的に親も参加し、子どもたちと一緒に食事をすることが義務づけられている。家庭での食事を見直してもらうという「食育」の視点が含まれているからだ。ここで食べた食事を家でもつくって欲しい。できれば、子どもも親の食事づくりを手伝ってくれれば、という期待も込められている。

しかし、実際にはボランティアと一緒に食事をつくるどころか、そのうち他の親も参加しなくなった。夕食後は、大学生が宿題の面倒と遊び相手をしてくれる。夜八時になると親が迎えにくる。迎えにこない親もいる。そういう家の子どもたちを大学生が自宅まで送り届ける。

平成三〇年春、小学校の遠足に同道させていただいたことがあった。目的は「子ども食堂を利用する子どもたちの弁当を覗くこと」である。利用者の食卓を実際見ることはできない。それなら弁当から「家の食事内容」を垣間見ることができると判断したからだ。運動会や遠足などの行事は、母親の腕のみせどころだろう。「キャラ弁」とまではいかないまでも、愛情たっぷりの弁当を予想していた。いや、正確にいうと、「弁当くらいは、せめて普通の弁当であればいい」……と。

遠足には、子ども食堂の利用者全員が参加していた。多少の差違はあるものの、どれも母親の愛情が込められた弁当だった。しかし、ある家族の次男と次女の弁当は、ほかの「キャラ弁」とは違った。弁当の八割をご飯が占め、上部にあるわずかに空いたところに卵焼きと鶏の唐揚げ、野菜が少々。ふたりとも集団のなかにはいるのだが、どこか孤独感が漂うのだ。「集団内の孤食」という感じである。

母親は子どもたちの弁当箱を、自分で料理した食材でいっぱいにした経験がないのかもしれない。いつものように、スーパーの「チンするご飯」と総菜を詰め込んだのだろう。ただ、それでも彼女は子どものために「弁当をつくった」のだ。正直、安堵した。なかには弁当づくりを避けるために、子どもをわざと遠足に参加させない親もいるという。

「子ども食堂」を利用する子どもたちの数が、一年半で二〇人を超すまでになった。この場の雰囲気に慣れたのだろうか、スタートしたころと比べて食事に集中するようになった。家での用事がないかぎり休まなくなり、まったくこなくなった家の子も、一番下だけはくるようになった。子どもたちに聞いてみると、「ここにくるのが楽しい」という。小学校に用事ででかけたとき、子ども食堂を利用する子が、担任の先生に、「このおじちゃん、子ども食堂のおじちゃんなの」と紹介してくれたのには驚いた。

モザイクのような地域に住んで

わたしが住むこの地域には、公的住宅（県営、市営、雇用促進住宅「現ビレッジハウス」）とUR賃貸住宅、UR分譲住宅がある。道を挟んで戸建てを中心としたニュータウンがある。

ニュータウンは四七年前、市内でもっとも早く計画的に分譲された地域で、住民の大半は市外からきた新市民である。ニュータウンといっても、当時から住んでいる住民は高齢化し文字通りオールドタウンと化した。しかし、住民の多くは高学歴で、東証一部上場企業出身、中小企業の会社社長、弁護士、大学教授などが数多く住んでいる。プライドの高い住民が多い。肩書きの賞味期限はとっくの昔に切れているはずなのだが、時と場所によって、「かつての威光」を口にすることがある。

わたしは平成二三年の市議選に立候補したことがある。立候補の理由は、わたしが考える高齢者・生活弱者救済を唱える候補者がこれまで皆無だったからである。マニフェストを「高齢者問題」に特化した。千葉県松戸市常盤平団地自治会長（当時）だった中沢卓実さんの唱える「孤独死をなくそう」を、この地方都市でも実践したいと本気で考えていた。

当然、選挙中に中沢さんに応援を依頼した。一日中街頭でも、選挙カーでも、「孤独死……、孤独死……」を連呼した。途端に選挙民が引いていくのを強く感じた。「孤独死という、忌まわしい言葉を聞きたくない。気分が悪くなる」と、有権者は敏感に反応した。多くの支援者から「孤独死はいわないほうがいい」と忠告を受けた。でも、わたしは逆に「孤独死」を連呼した。そして予想どおりブービーで落選した。

立候補に際して、知己を得たニュータウンのリーダー格である牧田さんに応援を頼み、快諾を得た。ところがその取り巻きにいわれたひとことが、今でも頭から離れない。

「あなたは有名大学を卒業され、出版社勤務の後、フリーのノンフィクション作家として（それなりの）名をなした人です。テレビやラジオなどマスコミにも顔をだしておられることは十分に承知しています。ですが、あなたは県営住宅にお住まいであることを忘れてはなりません」といわれたのだ。「（われわれとは）住む場所が違う。人種が違う」といいたかったのだろう。「底辺（低層階）に住む人を、ニュータウン（高層階）に住む人たちが応援してやっているんだ、自覚を持って行動しなさい」ということなのだろう。今どきこんなことをいう人がいることに絶句した。

もっとも驚いたのは、情けないことに彼のいう忠告に対し、反論しなかった自分がいたことだ。わたしは選挙のやり方を知らない。当選するにはこうした理不尽な忠告にも、素直に耳を傾けるべきなのだろうかと逡巡した自分がいた。

確かに公的な住宅に住む人たちの多くは、わたしと同じように住宅困窮者である。収入が少ないから公的な住宅を利用せざるを得ない。ここに住む住民には、それぞれ人生において「負」の過去を持つ人が少なくない。「ぐるり」の常連でここに住む高齢者には、元自営業者で、社長として一時代を築いた人もいる。わけあって今ここに住み、「ぐるり」で仲間になった。

正直、密かな劣等感を持つ住民が少なくない。わたしの選挙のとき、ニュータウンの牧田さんたちが選挙事務所に現れると、事務所にいた公営住宅の支援者の大半が蜘蛛の子を散らすようにいなくなった。笑い話としても語れない。

地区にある公民館での講演会には、公的住宅に住む人の参加はほぼ皆無である。高齢者には明らかにメリットのある講演内容なのだが、その高齢者すら足を運ぼうとしない。さらに、「積極的に自分を発信する意識」が稀薄である。

「ぐるり」の常連も、「次、どんなイベントを企画してくれるんですか？」とはいうが、「自分で企画して、ここでやれば？」といっても反応が鈍い。公的な住宅だから、畳の張り替え、台所や風呂場のリニューアルなどはすべて無料となる。家賃は安いから、基本的に問題を起こさない限り退去を命じられることもない。

「やってもらうのが当たり前」の人たちだから、ボランティア活動にも無関心である。「ぐるり」の子ども食堂のボランティアも、「ぐるり」のあるUR賃貸に住む人がひとりだけ。残りは他地区の住民で、社会福祉協議会の仲介で依頼を受けた人たちだ。ここのボランティアは意識がかなり高い。

子ども食堂を利用する子どもたちの大半が公的住宅の住人である。わたしの本音は、利用する親や、ここの住民がボランティアとして参加して欲しいのだが、事実は真逆で、皆無なのである。子ども食堂があるのだから利用する。親としての義務感を感じる人は、いない。

わたしの住む地域で起きた子どもへの虐待

まだ子ども食堂をはじめる構想すらなかった数年ほど前、公営住宅で子どもの虐待事件が起きた。母親の恋人が小学一年生の長男を裸にして逆さづりのまま、たばこの火を押しつけたのだ。

ニュータウンのリーダーで、小学校の学校応援団統括責任者でもある牧田さんに、「あなたのところで起きた事件だ。なんとかして欲しい」と詰め寄られた。学校応援団統括責任者というのは、小学校に通わせる家庭の状況をある程度把握できる立場にある。他人に内容を話すことは禁じられているが、互いに気心の通じ合った仲なので、何かのはずみに口をついてでることもある。

厚生労働省は子どもへの虐待（児童虐待）を、子どもへの「身体的虐待」（殴る、蹴る、投げ落とすなど）、「性的虐待」（子どもへの性的虐待）、「心理的虐待」（言葉による脅し、無視、きょうだい間での差別的扱いなど）、そして「ネグレクト」（家に閉じ込める、食事を与えない、ひどく不潔にする、病院に連れて行かないなど）と定義する。

児童虐待数は年々増加し、平成二八年度には全国の児童相談所が対応した児童虐待の件数は、実に一二万二五七八件を数えた。虐待により毎年八〇人前後の子どもが亡くなっている。「隠れ児童虐待」も加えれば、その数は統計より遥かに多いと推測できる。

平成二二年の「大阪二児置き去り事件」では、鍵のかけられた部屋に食事も与えられずに置き去りにされ、餓死した。

平成三〇年六月、東京都目黒区で起きた「五歳の女児が虐待死した事件」は記憶に新しいところだと思う。子どもがノートにつづった「もうパパとママにいわれなくてもしっかりとじぶんからきょうよりもっともっと……もうおねがい　ゆるして

ゆるしてください……」という言葉が、多くの人たちの涙を誘った。虐待には必ず理由があるといわれている。だが、その理由を多くの人は理解できないことが多い。

そのなかに、子どもを好きになれない、愛情をかけられない親がいるのも事実である。ならば、産まなければいいと思うのだが、産まれてきてはじめて気づく親もいる。

子どもの身体にたばこの火を押しつけた事件は、男（恋人）のいうことを聞かない子どもへの「教育的な躾《しつけ》」だといった例も多い。母子家庭の場合、恋人と称する男性が家庭内に入り、母親の子どもを虐待するケースが目につく。母親は恋人に対して反抗できないのだろう。そこに女としての顔がみえ隠れする。

虐待を受けた子どもは、自分を産み虐待した親をどう思って成長していくのだろうか。成人した虐待被害者が、年老いた親の介護に従事するとは考えにくい。わが子をネグレクトや虐待した経験のある親は、結局、「子どもによって棄てられる」、つまり「棄老者」となるのだろう……。

牧田さんに「たばこの火による虐待事件」への善処を迫られたころのわたしは、

地元の小学校とも社会福祉協議会とも現在のような「濃い」付き合いがなかった。「ぐるり」は運営していたものの、対象を高齢者に特化していたため、正直、地域住民の全体像をつかむまでには至らなかった。牧田さんの申し出に対し、漠然としたイメージを描くことができたものの、まさかこの地域で、このような虐待が起きているという実感に乏しかった。

一〇年ほど前に「幸福亭」(「ぐるり」の前身)を開き、多くの住民との接点を得たことで、地域社会の抱える問題のすべてが「見えた」と勘違いしていた。全体像が見えだしたのは間違いなく社協のY相談員と付き合いだしてからだった。「よろず相談所」と子ども食堂をはじめたことで、地域住民の素顔がみえはじめた。

「共依存」、いずれ娘は母親を棄てることになるのか?

二〇一六年夏、真夜中に「ぐるり」の常連、浜本幸子さん(仮名)が、わたしの家の玄関扉を激しく叩いた。「娘に殺されそう。助けて欲しい」という。就寝直前だったが、とにかく家のなかに入れた。妻は困惑した顔で浜本さんをみている。顔の左半分と腕に内出血のひどい痕がみえた。理由を聞いた。浜本さんは長女とふたり暮らしである。その長女に身体を押され、その弾みで食器戸棚の角に顔と腕をぶつけたという。暴力を振るった娘と母親との間に何があったのか、そのときは不明だった。それより、震えている浜本さんへの対応が最優先だ。

わたしは地域住民の生活全般の相談（おもに福祉関係）にのる地域包括支援センター（以下「包括」）に電話した。包括は二四時間対応が義務づけられている。包括の留守電に入っていた電話番号に電話する。電話にでた職員の不機嫌そうな声に、正直いらついた。

包括の担当者は、「浜本さんには次女がいるはずだから、次女に電話を入れ、次女の住む渋谷まで浜本さんをタクシーで送って欲しい。タクシー代がなければ、次女にだしてもらうよう浜本さんに伝えてください」というのだ。

「誰が電話するの？」「あなたです」「何でわたしが対応しなくてはならないの？」「緊急ですから」という。訳が分からない包括の担当者に、心底はらがたった。電話では埒《らち》があかないので、当事者の浜本さんに代わってもらう。浜本さんは担当者と話をして受話器をおいた。何らかの解決策が見つかったんだろうと浜本さんに聞いてみるが、さっぱり要領を得ない。「包括」の職員は、時間には無関係に「家」(この場合はわたしの家)まできて対応することが義務づけられていると聞く。包括職員の家は、わたしが住む県営住宅の近くである。しかし、対応しようとする気がまったくみえないのだ。

時間だけが過ぎていく。浜本さんは呆然とたちすくんでいる。わたしは仕方なく社協のY相談員に電話した。就寝中だったにもかかわらず、快く応対してくれた。「とにかく深夜なので、浜本さんの知り合いが近くにいないか。いたら、今晩の宿を頼むこと」「明日、一番で駆けつける」と適確に指示をだしてくれた。さいわいなことに近くに友人がいて、一晩泊めてもらうことができた。

翌日、Y相談員と浜本さんが面談。DVにより一時的に避難する「シェルター」(といっても正式なものではなく、Y相談員の顔の利く施設)に浜本さんを預け、その間に長女と面談し解決策を模索することにした。ところが、長女と連絡を取り合っている最中に、肝心の浜本さんがシェルターに無断で自宅に戻ってしまう。

「浜本さん親娘は共依存の関係ですね」とY相談員が漏らした。共依存とは、「アルコール依存症の家族の世話などの、長期にわたる報いのない抑圧的な状況を経験することで、自信や個人としての意識を失ってしまうこと」（スーパー大辞林）とある。「長女の窮状を救うのは自分しかいない」と、どのような仕打ちを受けても「救えるのは自分のみ」とすり込まれてしまい、暴力にも耐えようとするのだろう。その後も、たびたび同様のことが起きたものの、相変わらず我慢し続けているようだった。

後日、長女が家をでるということで問題は解決した。しかし、最近になって再び実家に出入りして、トラブルを起こしていると聞く。

間に入ったY相談員は、「共依存の唯一の解決法というのは、どのようなことがあっても、長女と連絡をとってはいけないということです」と釘を刺した。しかし、長女の動静が心配なのだろう。連絡を取って長女を呼び寄せては、二度、三度と暴行事件を起こしている。浜本さんの長女と次女は仲が悪い。今年で九〇歳になる浜本さんである。もし、浜本さんが倒れたとき、「共依存」の関係にある長女が母親の介護をすることがありえるのだろうか。「離れられないふたり」の先にあるものとは何なのだろうか……。

この地区には他に、妻の「ギャンブル依存症」による離婚や、子どもたちの母親への無関心による「棄老事件」もあった。子どもに棄てられ、自殺する高齢の独居者など、おそらくほかの地域でも似たような「棄老事件」があると思う。ただそれが、普通に暮らしている人の目には見えにくいものなのである。

第5章　認知症とすれ違う家族の思い

「見返り美人」香川さんという女性が来亭

香川涼子さん（仮名）がはじめて「幸福亭」（「ぐるり」の前身）に来亭されたのは、八年ほど前のことだった。昭和六年生まれだから当時七八歳だったと思う。

背が高く、細身の身体を和服（布を巧みに身体に巻き付けただけの着物風にアレンジ。自作だといっていた）に包み、気品に満ちあふれていた。

わたしは彼女に「見返り美人」というニックネームをつけた。いつも柔和な面持ちで、物静かに話す。他人の噂話には無頓着で無関心。自慢話ひとつ聞いたことがなかった。眼鏡の奥にある瞳はいつも輝き、それが表情を豊かにし、彼女に備えられた知的なイメージと気品をいっそう高めた。

出自に関しては不明な点が多く（「ぐるり」の亭主という立場では、本人が話さない限りしつこく問いただすことはしない）、「わたしの人生は波瀾万丈だけど、人に話すほどではないの」とどこか自分を突き放す雰囲気が、逆に余計に神秘的な美しさを放っていた。

認知症の疑いあり

やがて香川さんの様子が変わった。

彼女の異変に気づいたのは、三年前の春のことだった。香川さんは、「ぐるり」の仲間たちと伊豆の稲取温泉に一泊旅行をした。翌日、わたしは家を訪ねてきた彼女から稲取温泉の土産品をいただいた。

その日の午後、買い物にでかけるために玄関扉を開けると、そこに白い袋があるのを目にした。開けてみると、稲取温泉のお土産だ。忘れたのは香川さんだと思い、彼女に電話をした。

電話口で、「見当たらないので探していました。これから受け取りに行きます」といって電話が切れた。しかし、いくら待っても香川さんが現れない。彼女の住む1号棟からは目と鼻の先だ。五分とかからない。香川さんが玄関のベルを鳴らしたのは、電話を切ってから一時間後だった。「家が分からなくなって……」と疲れた顔をした。

その暮れから翌年の正月明けにかけて、突然「ぐるり」に顔をみせなくなったのだ。正月を挟んでいたので、休亭していた時間が長かった。正月は娘のところで過ごしたのだろうと勝手に思いこんでいたのだが、正月明けになってもでてこない。そしてある日突然、香川さんは「ぐるり」に顔を見せた。

頭の髪はボサボサで、着ている服装はいつものようなのだが、どこか違う雰囲気を漂わせている。表情が乏しく、他人の話についていけない。いつもの明るさがなく、「見返り美人」が台無しである。それでも少しずつ表情を取り戻し、仲間にとけ込んでいったので、来亭者も普通に彼女に接し、何事もなくその日は終わった。

ところが翌日、来亭しない。次の日も同様に顔をださない。わたしは彼女に電話を入れた。「サロンで、みんな待っていますよ」と伝える。「ああ、今日、サロン、やっているんですか?」「やってますよ。いらしてください」「分かりました。行きます」と電話を切った。サロンにはとくに決まりというものがない。来亭する、しないは本人の気分次第だ。わたしから連絡を取り、来亭を強要することはしない。

しかし、香川さんの場合は違った。〝異変〟を感じてしまった以上、「見守り」のコンセプトが優先する。あえて電話したのも、そのためだ。認知症を疑ったのだ。その後も「ぐるり」にきたりこなかったりした。

わたしは香川さんに嘘をつき長女の携帯電話番号を聞きだした。使い慣れている携帯電話の最初に長女の電話番号があった。それを読み上げてもらった。好運だった。長女は母親の異変に気づいていた。

最初におかしいと思ったのは、昨年の夏のこと（つまりわたしが気づく一年前ということ）だった。長女と次女が久しぶりに母親を訪ねると、テーブルに置かれた不審な領収書が目にとまったという。問いただすと、「貴金属回収屋さんがきて、不要な貴金属を買い取ってくれた」と話した。いわゆる「押し買い」の被害に遭っていたのだ。業者に騙されたという様子ではなかったという。

今度は銀行のＡＴＭの操作が分からなくなり、香川さんは次女に応援を頼んだという。次女がカードを預かり、必要な生活費を次女が直接、母親に手渡すことにした。この時点で、長女も次女も母親の認知症を疑っている。このまま母親ひとりの生活をつづけさせることに不安を感じたのは、自然の成り行きだと思う。

そこで長女と次女は、有料の老人ホームを勧めることに決めた。しかし、母親は納得しなかった。香川さんの口癖は、「誰からも指図されたくない。自分の考えで生きていきたい」なのである。当然ながら自分の〝異変〟に気づいていない香川さんは、今の生活をつづけたいと思っている。

高齢者の見守りは、基本的に民生委員と見守り相談員に任されている。前者は六五歳以上の高齢者すべてで、後者は希望者のみである。両者とも、訪問する高齢者の名前と住所、年齢、電話番号などを書いた「連絡票」を提出してもらう。これに、緊急連絡先（身内や親戚など）を書く欄を設けてあるのだが、ここに記載する人は稀だという。

見守られることは希望するものの、身内や親戚などの連絡先を知られることを極端に嫌う高齢者が多いのだ。その結果、緊急時に連絡が取れない。救急車で病院に運ぶところまではできても、その先がみえないという。

さいわい、香川さんにはふたりの娘がおり、定期的に実家を訪問して様子をうかがうという「見守り」を実施している。独居高齢者のなかには、訪ねてくる家族や親戚、友人もなく、家のなかで誰とも話すことなく毎日を送っている人もいる。「日がな一日、テレビ相手に話しかけている人もいる」と、知り合いの民生委員が話してくれた。

気丈に振る舞った香川さん

認知症といっても、毎日同じ症状を示すとは限らない。いわゆる「まだら呆け」の症状を示す場合が少なくない。波があるのが普通だ。認知症の症状をほとんど示さないときに香川さんに会えば、「認知症には見えなかった」というだろう。症状が強くでているときには、「認知症じゃないか」と感じるに違いない。ただ、香川さんの場合、ある日を境に、ピタリとサロンに顔を見せない日がつづいた。

電話をしてみた。わたしのことはなんとなく覚えてくれていたものの、〝サロン〟も〝スタッフ名〟も〝曜日〟も見事に彼女の頭から消えていた。着実に壊れていく香川さんに何もできないもどかしさを感じていた。わたしには辛い日々がつづいた。

ところがある日突然、香川さんが「ぐるり」に現れ、意を決したようにいきなり話しだしたのだ。「わたしは、ときどき自分の帰る家が分からなくなります。どうか、皆さんで助けてください」と入亭者の前で宣言したのだ。彼女のなかでどのような心の変化が起きたのか、今でも分からない。ただ、「なんだか変だ。いろんなことが思いだせない」と思ったのは事実だろう。

普通、認知症になってもプライドだけは失われることはないといわれている。「自分が認知症であることを、他人に悟られることは恥」と考える人が大半だ。「人前でみじめな自分をさらけだしたくない。それなら公表し、身内のように仲のいい常連に助けてもらう」ことを選択したのだろうか。それが彼女のプライドだったのだろうか。正直、公表の動機は不明なのである。

それからの香川さんは、毎日のように「ぐるり」に顔を見せた。顔色もよく、端から見ても、香川さんが認知症だとは思えないほど元気になった。常連の仲間は、誰いうともなく香川さんの送り迎えをした。一緒に近くのスーパーで買い物を手伝ったり、家の冷蔵庫をチェックしたり（賞味期限切れの食材で溢れていたという）、一緒に食事をした。「だって、ひとりで食べるのって味気ないじゃないの」と常連のひとりはいった。こうして意識的に香川さんを見守ったのだ。

香川さんの娘たちは、やはり施設への入所を選択した。わたしは香川さんの長女に施設への入所の理由を聞いてみた。

長女は、「銀行のATMの暗証番号を忘れたりする母をかわいそうに思いました。それ以上に、火事の心配もありますし、徘徊するたびに『ぐるり』のみなさんにご迷惑をかけてしまいます。そのことが心苦しくてなりません」といった。「みんなで香川さんを見守るのが、生きがいになっている」と、暗にこのまま常連のサポートをつづけさせてほしいという気持ちを長女に伝えた。「認知症の高齢者を、同じ高齢者がサポートする」ということに、「棄老」を避けることができる〝鍵〟があるように思えたからだ。しかし聞き入れてもらうことはできなかった。

長女に電話を入れた日の翌日、香川さんに入所に対しての〝本音〟を聞いてみた。その日の香川さんは体調が良く、認知症だとは思えないほどに自分の気持ちをはっきりということができた。

「娘たちに悪いと思うようになったの。みんなそれぞれの家庭があるし、向こうにも家族があるでしょう。それを背負いながら母親のことを考えてくれているんですもの。入所費用だって、用意するといってくれているし……」

それからしばらくして、施設への入所が決まった。「お別れ会をやるから、入所日が決まったら教えて」というわたしに、「わたしは見送られるのが嫌いなので、人知れず消えます」といった。そしてそのとおり、忽然と姿を消した。

今でも入所した香川さんのことが話題に上ることがある。「いい人だったわね。施設でどんな生活を送っているのかしら。覗いてみたい気もするし……、それより施設に入るって、幸せなんでしょうかね。他人事ではないような気がするんですが……」。次はあなたの番かも……、とはいえなかった。

行政のセーフティネットを利用せず、いきなり隔離とは……

「ぐるり」の来亭者に、「寝たきりになったら、一番心配なことは何か」と聞いたことがある。ほぼ全員が「緊急時の夜間の往診（訪問診療）」を挙げた。「救急車を頼めばいい」という声もあったが、重度の要介護者が体調の変化のたびに救急車を要請するのは難しい。それに、救急車を呼ぶことにためらいがあるという。

介護保険制度では、訪問介護（看護）や入浴、リハビリ、各種施設への入所などを基本に据えながら、緊急時（夜間も含む）の「看護師（医師）の往診（派遣）」にも対応している地域はある。訪問介護もある。二四時間訪問可能な訪問専用のステーションもあるが、利用するには条件があり、希望者の全員が利用できるわけではない。

「地域包括ケアシステム」（重度な要介護者を住み慣れた家や地域で支える仕組み。システムは全体が三つに分けられ、「第一層」＝仕組み全体を把握・統括する部署。「第二層」＝重度な要介護者が住む地域を包括する部署。責任者が地域にあるボランティア団体などに、さまざまなサポートを依頼する。「第三層」＝重度な要介護者を診る医療機関、要介護者を受け入れる施設などの部署）が、今年度から本格稼働したわたしの住む地域でも、第三層のネットワークが未完成のため、機能不全と思えるような手探りの現状といえた。

「ぐるり」の来亭者が次に恐れているのが「認知症」だ。自分が認知症であることを公言した香川さんをサポートした経験のある仲間でさえ、口をそろえて「(本音は)香川さんのようにはなりたくない」「自分の帰る家が分からなくなるなんて、こんな恐ろしいことはない」「香川さんはいい人だったけど、正直いうと、人間が壊れていくようで、辛かった……」「暴力を振るうようになる人もいるんでしょう。自分じゃ何にも分からないからいいけどさ。みんなに迷惑かけるようになる」という。

わたしが、「だって、次の瞬間には、前のこと忘れてしまうんだから、いいじゃない。わたしだってなるかもしれないし……」というものの、反応が鈍い。確実に恐れている。

「ぐるり」では、たまにだが、おしゃべりがそのまま真剣にディベートとなる場合がある。高齢者というのは、基本的に頑固だ。自分の考えを曲げることはほとんどない。だから、ディベートといっても、自分の考えを一方的に押しつけるだけなのだが、それでも話が弾んだ。

「認知症」の話に花が咲いたのを機に、「若年性認知症になった人と、その家族の関わりかたの是非について」を投げかけてみた。相談という形で話を持ち込んできたのはわたしの知人の妻で、「ぐるり」の支援者（金銭的も含め）のひとりである。

彼女の兄の嫁のことである。今年六三歳になる小山恵子さん（仮名）は、二年ほど前に認知症の症状を示しはじめたという。恵子さんは専業主婦で、子どもは娘三人。それぞれ結婚して家庭を持つ。六五歳になる夫は、小さな会社を経営しており、家庭は恵子さんに任せきりだったという。恵子さんの異変に気づいたのは近くに住む三女だった。父に母親の異変を告げたものの、「まだ六三歳の妻が認知症になるはずがない。それに別段変わったところがみられない」と聞く耳を持たない。父親は「若年性認知症」という存在を知らなかった。

ある日突然、恵子さんが家から姿を消した。三女は姉たちに連絡して近くを探したのだが、発見できない。その日の真夜中、隣町の警察署から、「身柄保護」の連絡があった。帰宅した母親に、駆けつけた長女と次女が家出の理由を問いただしたものの、はっきりとした回答を得ることはできなかった。その場に父親はいない。三女が「徘徊ではないか」と話したが、ふたりは「六三歳で徘徊がはじまるわけがない」と三女の意見を否定した。三女も仕方なく同意したという。無理もない。最愛の母親が六三歳で認知症になり、徘徊するとは考えたくもないだろう。

それから数ヶ月して徘徊が日常化し、さすがの娘たちも母親が認知症であると確信した。そこで、次にとった行動が混乱に拍車をかけることになった。父親と長女、次女の三人が、母親を施設に入れることを主張したのだ。理由は「そのほうが母のためになるから」といったが、三女が父親を問い詰めてみると、「世間体が悪い」からだといった。三女は「世間体を気にするのはおかしい。家で母親を看たい」といい張った。

相談者の知人の妻がわたしに問う。「徘徊する母親のあとを、子どもを背負った姪が追い、見失うと、みつかるまで必死に探す。三女が気の毒でならない。そこで、施設に入れることと、家で看ることとどっちがいいか」と唐突に聞いてきたのだ。

「待ってください。いきなり『施設or自宅』ですか。その前にやることがあるでしょう」。わたしは呆気に取られたが、気を取り直して質問した。「区役所の窓口に相談したことがありますか?」「ありません」。「介護保険を知っていますか?」「聞いたことがあります」。「身内でどなたか利用している人がありますか?」「知りません」。「地域包括支援センターを知っていますか?」「知りません」……。

万事休すである。「あなた自身、義姉をどうしたいと思うのですか?」「分からないから大山さんに相談しているのです」……。行政の認知症専門外来の窓口すら叩かないで、いきなり施設への入所を選択しようとしている彼女の姿勢に呆れ果てた。わたしは断言するように彼女にいった。

「行政の関係窓口を一度も叩かないまま隔離しようとしているんですよ。関係部署に出向けば、さまざまな救済の方法を教えてくれます。まず、区の福祉課に出向き、包括支援センターを紹介してもらい、そこに連絡することです。包括支援センターは、直接、実家まで出向いてくれます。そこで、介護保険適用の申請をするため義姉の症状を診断してもらうことです。多分、要介護2はいただけるでしょう。認定されれば、それなりのサポートが受けられます。公に見守られるのですから、家族も安心するでしょう。当然、夫の同席が義務づけられますが……。それすら履行しないのなら、家族が母親を見殺しにしたことと同じです」とわたしは語気を強めた。

知人の妻が泣きだしたため、話はそこで中断した。その後、彼女から行政の窓口にでかけたという報告はない。

驚いたことに、行政のセーフティネットを利用しないばかりか、その存在すら知らない、いや、知ろうとしない人たちが少なくないということだ。哀しいことである。利用可能な救済手段を、無知のために選択できず、恵子さんを唐突に施設送りにしようとする父と娘たち。「入所に際しての資金に問題がないから」といってしまえばそれまでだが、それが残された最後の〝好手〟だと思いこんでいるのだとしたら問題である。

話を紹介したあとに「ぐるり」の常連の人たちに意見を聞いた。常連の反応は見事にバラバラだった。

「カネがあるんだもの、施設でもどこでも入れればいい」「介護専門の人を雇えばいい」「六三歳で認知症って、ほんとうになるんだ。怖い、怖い……」「三女はほんとうに心の優しい人だ」「恵子さんの旦那さんてひどい人ね。さっさと、施設へ入れることに賛成するんだから」「長女、次女も同じよ、自分の母親なのにねえ……」といった。

「自分の母親が（若年性）認知症になったらどうするの？　自分で看る？」と話の腰を折る。「母親は早く亡くなったし……」という人もいたが、「女は損よ、嫁いだ先の両親の面倒もみなきゃなんないんだから……」「そうだ、そうだよ」と話が違うほうへ向かう。

嫁ぎ先の両親の介護の心配もある。「認知症が怖いとか、嫌だとかいってられないのよ。旦那の両親だもの、そっちのほうが優先順位は高いよね」「実家の両親は順位が低いっていうの？」「子どもが全員女性だったら、実家の両親は誰が看ることになるのかしら……」「若年性認知症の母を思う三女の気持ちって分かるわ」「じゃ、カネがあるからといって、安易に施設に入れちゃうの？」「施設って、嫌ね」。

「嫁ぎ先の両親が意地の悪い人だったら、死後離婚（姻族関係終了届）を提出すればいい」「死後離婚ってなに？」「旦那が死んでしまったあとに、嫁ぎ先の籍を抜くことよ」「それいい！」。話の落としどころがいつも不明だ。「死後離婚」がでたところで話を終えた。

親を棄てる子、子を棄てる親、妻を棄てる夫……。そのすべてが次世代（順送りの世代）の介護につながってくるような気がしてならない。

親の離婚が子どもにおおきな影を落とす

「子ども食堂」を手助けしてくれる大学生（福祉関係の学部生）がいる。そのなかのひとりが、両親の離婚がその後の自分におおきな影を落としたと話した。

四年生の奈津芝美さん（仮名）は、「家族という形を具体的に描けない」という。彼女が高校生のときに両親が離婚している。ひとつ上の障害を持つ兄は母親に引き取られ、彼女は父親と暮らす。大学生になった今、つきあっている男性はいるが、彼女は結婚を望んでいない。

「彼から結婚を申し込まれても断るつもり。子どもも欲しくない。親の愛情を受けられない子は、将来の〝家族像〟を描くことができないのでは？」と話した。

芩美さんの両親が離婚したことが、その後の彼女の生きかたにおおきな影を落としたことは否めない。

結婚の願望がなく、子どもも欲しくないという気持ちは、離婚後の両親の生きかたをみてきたからだろう。一方で、両親の結婚生活が失敗したから、逆に自分は結婚して幸せな生活を送りたいと思う女性もいる。しかし、現実として若いときに両親の「結婚の失敗」を目の当たりにした人の多くは、結婚生活の実像を描くことはできにくいと思うし、臆病になるだろう。両親の生き様は、そのまま子どもの心に刷り込まれる。

同居している父親は、近いうちに田舎に家を建てて余生を送りたいという。彼女はそれに対しても実に恬淡《てんたん》としている。

「父親とは別人格です。その後の人生はそれぞれに生きていけばいい」と話す。父親は「介護が必要な状態になっても娘の世話にはならない」という。

それぞれが別々の場所で生きていく。そのためには、その場所で新しい絆（結《ゆい》）を構築する覚悟が必要である。これからの「家族の在りかた」を描くとしたら、苳美さんの考えかたが主流にならざるを得ないのだろう。

第6章　なぜ、子は親を棄てるようになったのか

家の宗教であった「儒教」の衰退

これまでの「棄老事件を含む」いくつかの〝事件〟（棄老、ネグレクト、虐待、DV……）は、わたしが「ぐるり」を運営し、社会福祉協議会と接点を持ったことで浮かび上がってきたことであった。このような〝事件〟は、よその行政区でも大なり小なり、同じように起きている。ただ、それぞれが潜在化しているため、表面に現れにくい。

行政は、さまざまな〝事件〟に対応するために管轄部署がそれぞれ違うので、情報の共有化が図られない。加えて個人情報保護法という「壁」がある。地域に住む住人に、「事件の事実」（あったのか、なかったのか）は伝わりにくく、従って、手を差し伸べよう（地域住民でサポート、見守る）にも、対象が判然とせず、結局、見過ごしてしまう状況がある。

このことが、〝事件〟の当事者の孤立化を深める要因になっていると思う。「地域で高齢者や生活弱者、子どもたちを見守りましょう」というスローガンが空しく聞こえてくるのはそのためだ。

「ぐるり」に来亭する高齢者は、それぞれの地方で培ってきた「家族の濃さ」を懐かしそうに唱える。唱えている本人が、すでに故郷を捨て（棄てられ）「ぐるり」に集う。「家族やふるさと」は、望郷の彼方に置いてきた。

つまり、もはやそれすらも存在しない。存在しないから美しいのだ。その懐かしい故郷や家族を心のなかで反芻することが、生きる原動力にもなっている。山崎ハコの名曲、『望郷』の最後の歌詞、「あの家はもう、ないのに……」。喪失してしまったから、故郷とそこに暮らした家族の姿が鮮烈に浮かび上がってくるのだろう。

残念なことに、家族と呼べる人間関係の基本的な部分が、現在、「稀薄」を通り越して「消滅」しはじめている。何故だろうか。背景のひとつに、「家族という形式の捉えかた」の変容があると思う。「家族という概念」を構築していた思想と社会現象を少しばかり追いかけてみたい。

「家族」という考えかたを支えていたのは、「儒教的思想」である。

儒教では、身近なところから、徳を段階的に広げることを教えの原理にしている。まず、社会の基本単位としての〝家〟があり、家の原理を共同体レベルに広げ、さらに国家にまで拡大することで、〝徳治政治〟が実現できる、と説いている。儒教が、ときに〝家の宗教〟と呼ばれるのもそのためだ。では、家の土台をしっかり固めるには、どうすればいいのか。

そこで登場するのが〝孝〟という考え方だ。〝孝〟の字が、〝老〟と〝子〟とで成ることからも分かるように、〝孝〟は本来、老人を養うことを意味していた。つまり、子が親を養い、敬うことが〝孝〟の基本である（『日本の三大宗教　神道・儒教・日本仏教』〔歴史の謎を探る会［編］〕参照）、というように、日本人の「家・家族」の根底にある思想は儒教の理念そのものなのである。

そこから、親が死んだあとも尽くすことが求められるようになり、祖先をまつることも〝孝〟の一部となった。さらに、祖先の祭祀をつづけるには、子孫を絶やさないことが必要である。そこから、子を産み育てることも、〝孝〟にふくまれるようになった。つまり、〝孝〟には、〝祖先の祭祀〟〝父母への敬愛〟〝子孫の繁栄〟という三つの側面があることになる。

現在、「長幼の序」（年長者と年少者の間にある、一定の秩序）という言葉の意味を理解している人はどれほどいるだろうか。「儒教がそもそも、社会の倫理や規範を整えて理想的な社会を築こうとする思想である」ことを考えれば、国家的秩序の維持を最優先させた戦前、「君臣の義」（主君と家臣は正しい義《道徳・倫理にかなっている在りかた》で結ばれている）と「長幼の序」とは日常生活に深く浸透していた。戦前の道徳教育は、儒教の精神そのものだった。教育勅語はその最《さい》たるものである。

それでも戦争未体験の団塊の世代までは、親が戦争体験者だったため、〝儒教の匂い〟を色濃く残した世代だったといえるのかもしれない。しかし、高度成長期以降に生まれた世代には、もはや「長幼の序」は通用しない。「家の宗教」である儒教は、家族そのものが崩壊することによって、その力を喪失していった。

日本の住宅事情はこう変わっていった

「子が親を棄てる」構図にはもうひとつ、戦後の住宅の在りかたが大きな比重を占めていることも見逃せない。

戦後、都市部への急激な人口流入によって、多くの狭小な集合住宅（通称「ウサギ小屋」）の建設の必要性に迫られた。成長した子どもたちは自動的に家をでざるを得ない。「子の自立」は、具体的に親と子の距離を広げた。「核家族化」である。結果としての「棄老」を生む遠因というべきものを、戦後の住宅事情が抱えてしまったといえよう。終戦後から、今日までにいたる時代の流れを振り返っていきたいと思う。

日本が昭和二〇（一九四五）年八月に敗戦を迎えると、疎開先や海外から母子や復員者が一挙に戻ってきた。東京は住宅困窮者で溢れかえった。緊急に必要とされた六七万戸（最終的には四二〇万戸）を確保するため、住宅営団や地方自治体の住宅関係部署が孤軍奮闘し、仮設住宅「簡易越冬住宅」を建てた。だが仮設住宅だけでは間に合わず、軍隊の兵舎や使用不可能な客車まで使って数あわせに奔走したという。

昭和二五年に勃発した朝鮮戦争による特需、つまり物資生産のため、地方都市から多くの労働者が東京に流入し、住宅不足に拍車をかけた。昭和二六年に「公営住宅法」（国や地方公共団体が協力して、健康で文化的な生活を営むために住宅を整備し、生活困窮者に安く提供するための法律）を成立させるが、地方自治体をまたいで公営住宅をつくることができなかった。そこで「行政区域には無関係に建設を可能にする」ことを最大目標に、昭和三〇年に日本住宅公団が誕生した。

住宅公団は、「大量に均質な設計で建物の『標準化』」を図った。すべてを標準化することで、住宅の質も時間もカネも節約することが可能になる。人が住む住宅を「商品化」することで問題の解決をみた。ここに、世界に名だたる狭小で味気ない「ウサギ小屋」が誕生した。

公団のコンセプトは「居住者輪廻」。つまり、田舎からでてきてサラリーマンとなった大量の住居者が、その後、高度成長の波に乗って年功序列という日本独特の給与体系で収入が増えていき、家族も増えてやがて戸建てやマンションを購入し、公団からでていく。空いた部屋には新規の住宅困窮者が入居する。こうして空き室は常に回転（輪廻）していくという考えかたから成り立っていた。

戦前と違い、家族を中心とした儒教的思想が稀薄となった戦後世代は、家族より「個」を尊ぶ考えかたを重視した。アメリカをはじめとする海外から流入するさまざまな文化を自由に取り込んだ。ライフスタイルの多様化が、核家族化をさらに進めたと考えられる。このことが「親を棄てる」要因のひとつになったことは否めない。

かつて、「狭小住宅」であっても、〝家族〟を重視しながら、さらに生活のゆとりをコンセプトに建てられた「奇跡の共同住宅」があった。同潤会アパートメントである。

斬新だった同潤会アパートメント

同潤会が誕生したのは、関東大震災直後の大正一三（一九二四）年五月である。

文字どおり壊滅した帝都東京と横浜を中心に、内務省社会局直属として誕生した、日本で最初の公的住宅供給機関だった。当初から、「都心には防災・耐震性に優れた鉄筋コンクリートのアパートメントを、郊外には田園都市を」という理念が込められていた。

同潤会アパートメントの居住スペースは狭小でも、そこに暮らす住人たちのために、あふれんばかりの「共同施設」が造られた。東京と横浜に造られた同潤会アパートメントは次の一五ヶ所である（着工順、カッコは竣工年）。

東京――代官山（昭和五年）、中之郷（大正一五年）、青山（昭和二年）、柳島（同二年）、清砂通（同四年）、三田（同三年）、三ノ輪（同三年）、鶯谷（同四年）、虎ノ門（同四年）、上野下（同四年）、大塚女子（同五年）、東町（同五年）、江戸川（同九年）。

横浜――山下町（昭和二年）、平沼町（同二年）。

「同潤会アパートメントの持つ魅力の一つは、共同施設の存在であり、また、モダニズム建築とは異なった装飾性がまだ残る古めかしいデザインにあると思う。この共同施設こそ、すっかり忘れ去ってしまった〝一緒に住む〟〝共同で住む〟ということの意味を、われわれに問い掛けているのである。そしてまた、今日、煩わしいものとして捨て去った共同施設こそ、一人で生きてゆけない人間の弱さを感じさせてくれているようにも思う」(『同潤会に学べ――住まいの思想とそのデザイン』)

と著書のなかで建築学者・史家の内田青蔵が述べている。ここに戦後誕生する狭小な公営住宅で〝生活する〟意味とは真逆の考えかたがあった。また、これらの施設を、

「人と出会う、食事をする、気晴らしをする、客を持てなす、入浴する、養生をする、音楽を楽しむ、子供たちを遊ばせる……このようなことすべてが、同潤会の目からは共同生活の質に欠かせない要素であった」(『同潤会アパート原景』)

とフランス人建築家マルク・ブルディエもまた述べている。

同潤会アパートメントの共同施設は、現在ではありふれた普通の（なかには不要となり切り捨てられた）ものなのに、昭和のはじめには特別に新鮮で驚きの建物だったようだ。そこは常に皆が顔を合わせる場所があり、会話が生まれ、生活する者同士に信頼関係が生まれたと考えたい。この「驚きの共同施設」をわたしは「〝結〟の誕生」と呼ぶことにしている。

〝結〟というのは田植えや屋根の葺き替えなどで、一時的に多くの労働力や資材を必要とするとき、同じ集落などの共同体が互いに人手を貸し合うことを指す。地域によって「催合《もや》い」、「講」、「頼母子講」ともいう。そこに流れるのは互いに助け合う「相互扶助」の精神である。同潤会アパートメントにはそれがあった。驚きの共同施設を紹介したい。

大塚女子アパートメントの充実した施設

『同潤會十八年史』を見返すと、このさまざまな施設は「福祉施設」と呼ばれていた。

『本会はその事業の性質上、単に住宅を建設するに止まらず、進んで意を居住者の福祉に迄及ぼしつつあることは、既に普通住宅の項に述べた通であるが、アパートメントに於いても全く同様にして其の附帯的施設の……』

と前置きして、それぞれの施設の役割を説明している。たんなる住宅ではなく、「福祉」を強く意識した施設なのだ。

昭和初期に、「福祉を意識した施設」というのは非常に斬新な発想といえた。以下、おもな協同・福祉施設を紹介する。

・食堂

同潤会では独身者用と考えていたようだ。独身者専用の虎ノ門、大塚女子以外にも、独身者用の部屋がある代官山、清砂通、江戸川、横浜の山下町の六ヶ所に設けられている。いずれも都心の一等地で、現在では飲食店が溢れているものの、震災直後の都会は疲弊し、飲食店は少なかった。食堂は住民の命を救った。

・浴室

公的な団地（公営、公団など）に風呂が常備されたのは、昭和三〇年以降のことだ。周辺に風呂屋が少なかったこの時代、建物内に浴室があることは至福だったと思われる。独身者専用の虎ノ門、大塚女子では、入浴料込みの家賃として入浴しやすくした。代官山と江戸川は有料制。青山は六戸ごとに共有の浴室を屋上に設置。管理運営を六戸に任せた（のちに撤去）。さらに青山は公衆浴場として周辺住民にも有料で開放した。

・娯楽室

囲碁、将棋のほかに、卓球台、ビリヤード台が常備された。ソファや椅子なども用意され、「談話室」的な要素も加味された。江戸川の

「社交室」は、これらの発展的な要素を持つ施設で、結婚式場としての機能もあわせ持つ。他の娯楽室も娯楽以外に、冠婚葬祭の式場や住民の集会所、共同の勉強室、コンサート会場として多機能の性質を持たせた。

・児童遊園

今でいう「児童公園」。建物の中庭にブランコ、シーソーなどの遊具や砂場などが設けられた。昭和初期に子どもへの配慮がなされたという点で画期的な施設といえる。

・洗濯場

各アパートメントに配置。洗濯機はなく、屋上に設置されたコンクリート製のたらい（洗い場）で洗濯し、終えると物干し場の竿竹にかけて干した。そこは文字どおり「井戸端会議」状態。噂話に花が咲き、多くの重要な生活情報が交換された。

東京メトロ茗荷谷駅からほど近い春日通りに面し、中庭を囲むように「コの字型」に造られた大塚女子アパートメントがあった。地下一階、地上五階建て（一五八戸)。食堂、浴室、応接室のほかに、ほかのアパートメントにはないミシン室、日光室、音楽室と至れり尽くせりの施設である。屋上には「屋上庭園」まで設けられた。

ミシン室は応接室に設けられ、住民がみんなで利用した。屋上に設けられたのが日光室と音楽室。各階の廊下を挟んで部屋が造られたので、部屋に日光が十分入ったとはいいがたい。そこで住民の健康を考え、屋上に設けた。南に面する全面ガラス張りの部屋の奥にまで太陽光が入る設計になっている。そこで談笑する女性たちの目の先には花々が咲き乱れる屋上庭園がみえたという。

看取り合う精神も生まれる

昭和九(一九三四)年の竣工で、同潤会としては最後の建物になる江戸川アパートメントは、「中流階級」の住人を意識し「指導的なるアパートメントの建設」を目指して設計され、同潤会アパートメントとして、集大成の自信作といえた。

江戸川アパートメントの特長は「広さ」にある。階段の踊り場から廊下まで、他の同潤会アパートメントと比較するまでもなく広いのだ。子どもたちが自由に走り回れる。いきおい立ち話が長くなる。空間に余裕があるから、生活にゆとりが生まれる。生活スタイルに合わせ、約四〇種類の部屋が用意された。

部屋は、独身者用の1Kから一番多い3K（四・五畳、六畳二間、台所、トイレと玄関）、それに4Kまであった。さらに、それぞれの部屋のなかは壁で仕切ることをせず、襖や障子で間仕切りされていた。それを取り払うと広い空間が現れたという。本畳の敷かれた二間続きの和室には欄間が彫られ、その模様はすべて異なっていた。洋室のある部屋も間仕切りが引き戸なので、取り払えたのである。1K（独身者用）の廊下の窓についている格子のデザインもすべて違ったという。そこには「人が住む」という基本的なコンセプトがあったように感じる。

地下には共同浴場、理髪店、一階には食堂、二階には社交室、低層階に共同・共有スペースを設けた。食堂にはバーカウンターが設けられるなど、一日三〇〇人の利用者で賑わったという。住民同士だけではなく、近所の人たちとの情報交換も盛んに行われた。

同潤会アパートメントに設けられた数多くの施設では、住人がそこに集って楽しみながら生活する〝結の精神〟があった。そうした住民意識が、好き嫌いを抜きにして互いに干渉し合い、結果として「死をも共有し合い、看取り合う意識」が生まれた。

このなかに「血のつながらない他人と暮らす究極の知恵」が秘められている気がしてならない。そして現実には、同一敷地内に、協同で住むことを希望する者が組合をつくり、住宅の設計から管理までを運営する集合住宅「コーポラティブハウス（共同組合住宅）」の考えかたが、このとき誕生していたのである。

この奇跡的ともいえる同潤会アパートメントのコンセプト（協同・福祉）に、「棄老からの脱却」のおおきなヒントが隠されていると思う。

「乙女ハウス」の再現を……

現代において、同潤会アパートメントの思想（死をも共有し合い、看取り合う意識）を共有できるコーポラティブハウスはないのだろうか。

おもに民間業者が運営するバリアフリー対応の賃貸住宅「サービス付き高齢者住宅（サ高住）」というのがある。基本的に介護不要の高齢者（軽度の要介護者受け入れ可の施設もある）が入居する。日中は生活相談員が待機し、入居者の安否確認やさまざまな生活支援を行う。当然、外出も可能で、自由度は他の施設とは比較にならない。

しかし、施設としての規則がある。これは一緒に暮らす人たち（同居人）が、自分たちの意思で約束事を決め、互いを尊重しながら生活するコーポラティブハウスとは違う。

わたしが上京した昭和三〇年代には、共同トイレ、風呂なしのアパートに友人同士で住むという共同生活は、当たり前に存在した。『神田川』（歌：南こうせつとかぐや姫、作詞：喜多條忠、作曲：南こうせつ）にでてくる「二人で行った横町の風呂屋　一緒に出ようねって言ったのに……」のように、アパートや下宿の近くには、共同浴場があり、でるときには互いに声をかけあってでたものだ。

「シェアハウス」は若いもの同士の利用が大半を占める。わたしが考えている「シェアハウス」は、老いも若きも年齢は関係なく、ひとつ屋根の下で暮らす〝家〟のことである。共同生活だから規則はあるものの、ゆるい。当然、食費や光熱費などは居住者数の頭割り。互いに相手を気遣いながら、自分も他の同居人に委ねることが可能な〝家〟である。ところが、このようなあくまでも個人（家主、オーナー）が運営する「シェアハウス」がなかなかみつからない。

だが、わたしが求めていたシェアハウスは数年前まで存在していた。平成二六年二月四日の「朝日新聞」（夕刊）に載った記事には、

「かつて横浜に女性専用のシェアハウスがあった。名前は『乙女ハウス』。低賃金や派遣労働など不安定な雇用形態が広がり、一人暮らしができない女性に住んでほしいと、一人の女性が空き家を提供した。（中略）木々が茂る庭に面したリビングには出窓があり、瀟洒《しょうしゃ》なたたずまいだった。オーナーの千野紀美子さん（61）が32歳の時、実家の敷地内に自宅として建てた。（中略）10年3月、

家賃1万円のシェアハウスが誕生した。名前は『今の世の中、女性は乙女チックでは生きていけない』という皮肉を込めた。（中略）映画『乙女ハウス』を撮影したのは、ドキュメンタリー映画監督の早川由美子さん（39）。『持ち家を空き家にせざるをえなくて悩む人が増える一方、住む場所がなくて困る人たちがいる現実がある。日本が抱える住問題を考えるきっかけになれば』

とある。「乙女ハウス」こそわたしが求めている「シェアハウス」の原風景だった気がする。

また、平成三〇年一二月二七日の「朝日新聞」（朝刊）には、東京都荒川区にある「コレクティブハウスかんかん森」という名前の集合住宅が紹介されている。世代も家族形態もさまざまな人たち（一歳から八一歳。三八人）がひとつ屋根の下で暮らす。部屋はワンルームや2DKなど、二九室あり、それぞれが独立。住民が共同利用できるキッチン、食堂、リビングルーム、家事コーナーなどを備えている。食事の他に仕事も必ずひとつは担当するという約束事以外は、比較的自由だという。

これなども現代に必要な「コーポラティブハウス」の一例といえるだろう。

わたしが住む地区内あるニュータウンは、四五年前に建てられた。戸建て住宅は傷み、独居高齢者と空き家が増えた。文字どおりオールドタウン化してしまっている。空き家は更地にされ、そこに二軒の建売住宅がこすれあうようにして建てられている。一方で、住む人もないまま放置されている空き家も目につく。

空き家を、わたしが運営する「サロン幸福亭ぐるり」のような、住民が集い合うことができる地域コミュニティサロンとして活用できないだろうか。防犯対策にもなるし、人が住めば建物の傷みも解消される。また別の空き家対策として、「乙女ハウス」のようなシェアハウス、それも「シニア向けシェアハウス」も考えられる。気の合った地域住民や友人と一緒に暮らす。互いにほどよい距離をとりながら見守り合う。かつてどこにでも存在した地縁・血縁以外で結ばれた関係。「無縁社会」といわれている今だからこそ、それを逆手にとった新しい「有縁《うえん》社会」をつくり上げることが可能になるはずだ。

「地域」という少し広い単位で「シェアハウス的な関係」（地域という単位で、公的なサービスを提供する）を実施しているのが、現在の行政である。いわゆる「行政区域」である。

しかし、行政区域は広すぎる。個々の考えかたは通じにくい。ここはあくまで「個人」という、もっとも小さな単位で考えるべきだ。そのモデルが「乙女ハウス」だと思う。「乙女ハウス的ユニット（単位）」である。これが地域としての新しい「単位」となりうる。それが可能になったとき、地域は新しい顔をみせはじめるのだろう。とはいえ、「乙女ハウス」を地域のなかで模索し、つくり上げることは簡単ではない。金銭的な利害関係や、個人的な相性などの諸問題をクリアするという高い壁があることも事実である。

最後の章で、日本最古の「コーポラティブハウス」を紹介したいと思う。

第7章　持続可能な「高齢者扶助システム」を目指して

伝説の地、遠野を訪ねる

　平成二九（二〇一七）年一一月七日、わたしは岩手県遠野市に行った。遠野は民話の里として有名である。しかし今回は、座敷わらしにも、オシラサマにも、カッパにも会う予定はなかった。目的はたったひとつで、「デンデラ野」と「ダンノハナ」をこの目でみるためである。

　農商務省の官僚で、民俗学者でもあった柳田国男の名著『遠野物語』は、遠野（土淵《つちぶち》村、昭和二九年に合併して岩手県遠野市土淵地区に）の住民佐々木喜善の話を柳田が書き留めた作品である。その第一一一話に、驚くべき事実が記されていた。少し長いが紹介する。

「山口、飯豊《いいで》、附馬牛《つくもうし》の字《あざ》荒川東禅寺および火渡《ひわたり》、青笹《あおざさ》の字中沢ならびに土淵《つちぶち》村の字土淵に、ともにダンノハナという地名あり。その近傍にこれと相対して必ず蓮台野《れんだいの》という地あり。昔は六十を超えたる老人はすべて、この蓮台野へ追いやるの習いありき。老人はいたずらに死んでしまうこともならぬゆえに、日中は里へ下り、農作して口を糊《ぬら》したり。そのために今も山口・土淵辺にては、朝《あした》に野らに出づるをハカダチといい、夕方野らより帰ることをハカアガリという、と言えり」（『遠野物語へようこそ』三浦佑之／赤坂憲雄　ちくまプリマー新書より）

また、遠野の「姨捨山」について、

「ここに登場する蓮台野は、柳田国男による当て字でしょうか。遠野では、デンデラ野とかデンデーラ野と呼ばれています。柳田の耳はそれを、京都近郊の、その名を知られた葬送の地である蓮台野と聞き取り、迷わずにこの漢字を当てたのでしょうか。（中略）このデンデラ野と、ダンノハナという地名とが、近くに、相対して見いだされる、というのです。あらためて触れることにしますが、デンデラ野はここに姥棄《うばす》ての地として姿を現わします。すなわち、昔は、六十歳を超えた老人たちはすべて、このデンデラ野に追いやられる風習があった、というのです。まさに、姥棄てや棄老《きろう》などと呼ばれてきた伝説のひとつですが、どこか異様な雰囲気を漂わせています。その語り口が、たんなる昔話や伝説とは思われないような、奇妙なリアリティを感じさせるのです」（同書）

と赤坂憲雄は述べている。

『遠野物語』が出版されたのは、明治四三（一九一〇）年である。作家を志して上京中の佐々木喜善の下宿先や柳田の家で採録された。

遠野という土地に柳田がはじめて足を運んだのが明治四二年八月二三日。上野駅から午後一一時発の青森行き（常磐線）の列車に乗り、東北本線の花巻駅に正午到着。そこから人力車を乗り継いで遠野に着いたのが午後八時。都合二一時間の長旅だった。

今では東北新幹線で新花巻へ、そこから釜石線に乗り換え遠野駅へ。ドアツードアでも四時間半ほどで着いてしまう。柳田は城下町だった当時の賑わいに驚きの色を見せていたが、わたしが見た遠野は、平日だったせいか人影もまばらで、シャッターを下ろした店舗も目につくありふれた地方の町という印象だった。

わたしは、遠野駅からタクシーを時間契約で貸し切り、郊外を目指した。町並みはやがて途絶え、稲刈りも終えた田んぼに、稲架《はさ》掛けされた稲束が、秋の日に輝いている。三〇分ほどで目的地に到着した。

「デンデラ野」にススキが生い茂り、みんなが寝泊まりした「あがりの家」と呼ばれる質素な藁葺き小屋が、ススキに隠れるようにしてある。「あがりの家」は資料を基に復元したものだろう。小屋の中央に囲炉裏が切られ、立ち上る煙は天井から抜けだす仕組みになっている。

遠野の冬は寒く、丘の上につくられた小屋は、強風で激しく揺れたに違いない。現在でもイノシシや日本鹿、カモシカなどの獣が農作物を喰い荒らすという。熊も里に下りたというから、村々から集まった六〇過ぎの老人たちにとって、粗末な小屋での集団生活は、心細かったに違いない。

「いまも山口や土淵あたりでは、朝に野良《のら》に出ることをハカダチといい、夕方野良より帰ることをハカアガリという」（同、赤坂）

とあるように、近在の農家から棄てられた六〇歳以上の老人たちは、「デンデラ野」に集まり、共同生活をした。昼は農家の手伝いをし、夜になると「あがりの家」で寝泊まりした。「デンデラ野」は近在の村々にあり、村によって行くべき「デンデラ野」が決められていたという。「あがりの家」の名称は、「ハカアガリ」からきていると思う。

道を挟んで「ダンノハナ」がある。柳田は、

「ダンノハナは『壇の塙』であり、丘の上に塚を築いた場所」（同、赤坂）

という。つまり「ダンノハナ」は「デンデラ野」で死んだ人たちの共同墓地だった。その名のとおり、小高い山の中腹に切り開かれた柳田のいう「塚」（土を小高く盛っ

て築いた墓）だった。山口の「ダンノハナ」は現在、共同墓地として造成され、佐々木喜善の墓もある。佐々木は、

「凶作のために家にいても餓死を待つだけであり、死後の弔《とむら》いも期待できない追いつめられた生活のなかで、老人たちが死に場所をもとめ、あるいは、山に移って自活の手段を講じ、可能なかぎり生き延びようとしたのだ」（同、赤坂）

と「デンデラ野伝承」の発生について述べている。

高齢者相互扶助システムは江戸期からあった

桜井政成（立命館大学政策科学部教授 副学部長・博士）は、

「江戸時代以降の伝説の幾つかについては、高齢者が一軒家に集住し、互いに助け合いながら生活し、そして死を迎えたという。すなわち、今でいう『セル

フヘルプグループ活動』『コーポラティブハウス』がすでに近世のムラ社会には存在していた可能性が高いのである。例えば柳田国男の『遠野物語』には、『デンデラ野』という地域で、高齢者相互扶助システムが行われていた伝説が掲載されている」（考えるイヌ〜桜井政成研究室〜／ブログ）

と述べている。

桜井は、「（棄老）伝説は、全国で一〇〇ヶ所以上残っている」ともいう。伝説という定義は、「その対象は元来が真実と信じられる事件、さらにはそれにまつわる話そのものを称していたとみられる」（『日本大百科全書』）とある。時間的な流れのなかで脚色はあるものの、伝説とは「文字を持たない人たちの事実の口承」といってていいだろう。つまり、昔、日本には「棄老」が存在していた。棄てられた高齢者は、「座して死を待つ」ことをよしとせず、生きるために知恵を絞り、共同生活をはじめたと考えられる。ここに「子に棄てられた親」の生き方のヒントが隠されていると思うのだ。

「ぐるり」で体験した「棄老事件」では、さまざまな思いに揺り動かされ、わたしの心の奥底に後味の悪さだけが残された。そして行き着いた先が、「子に棄てられるなら、いっそ子を棄ててしまえばいい」である。つまり「親の子離れ、独立」である。そう思い至っても、日本では、老後をひとりで生きることは困難とされる。「どうすれば親の自立が可能なのか」。それが描ききれていなかった。

そのとき、桜井教授の「血縁者同士の助け合いはないが、他人同士の相互扶助は昔からあった」という言葉に出会ったのである。「それを現代に蘇らせることができないか」というのがわたしの狙いなのだ。しかし、近世の棄民には、「口減らし」という共通課題があった。「口減らし」はなしに、現代の「デンデラ野」と「ダンノハナ」がつくれないかと思い描いたのだ。

平成二九年末、桜井政成教授に面会する機会を得た。場所は大阪府茨木市にある立命館大学茨木キャンパス。茨木市とのコラボレーションによる建物だそうである。敷地内には、市民のためのホールや市民が自分の本を持ち寄るユニークな図書館などがある。広場は災害時の避難場所となり、非常用トイレとして利用されるマンホールなども設けられている。

教授がネット配信された「日本では地縁・血縁が衰退しているのか?～高齢者扶助の歴史から考える～」で紹介されたさまざまな事例、とくに遠野の「デンデラ野」「ダンノハナ」の伝説が事実かどうか、民俗学者宮本常一の『忘れられた日本人』にある各地の取材記録についての意見などを聞いた。

「棄老伝説」はなかった?

後日、桜井教授から、『棄老』は実際にあったかどうかは疑わしい、と民俗学では捉えているようですね」とのメールが入り、三件の学術論文が添付されていた。肝心の民俗学界で、「棄老の存在は疑問」と裁定が下されては、「現代のデンデラ野」を模索する自分にとって、不安が生じた。論文の一部を紹介する。

鹿児島国際大学の福祉社会学部社会福祉学科教授の佐々木陽子は、

「『棄老物語』は、前近代の極貧の食糧事情を抱えた村落共同体を舞台に、労働力としての効率性から脱落し、不要なお荷物と化す老人を、村の掟に従い棄てる物語である。ここでは、老人に食べさせる食糧はこれから労働力となる子どもに回すべしとの功利主義が貫かれ、『棄老』の掟に従い老人を死に追いやることで、家族や村落共同体の延命が図られる。（中略）『棄老物語』における『棄老』は、村人の『知恵』が生み出した約定であり、『棄老』は、人権の全面否定の行為でありながら、村人全員が例外なく一定の年齢に達すると無条件に『棄老』の対象となるという意味では、逆説的ながら、死に向けての『平等』が貫徹されている」（「『棄老研究』の系譜（Ⅰ）—民俗学的アプローチと文学的アプローチを中心に—」）

と述べる。つまり、「棄老」は村という共同体を維持するためには必要とされた〝掟〟だとする発想である。この論文では、「棄老伝説」を否定しているようにはみえないとわたしは思った。

棄てられる側の「自覚」と「知恵」こそ必要

同じ民俗学者でも宮本常一の場合は少し違う。柳田国男、折口信夫、和歌森太郎とは異質の部分を感じるのは、実地検分・採集を行いながら、表現方法に差違があるからだ。網野善彦は、

「多少とも『中央的』な権威の匂いのする既成の民俗学に抗して、泥にまみれた庶民の生活そのものの中に、人の生きる明るさ、たくましさをとらえようとする自らの『民俗学への道』を進む自信を、宮本氏はこのころに固めたのではなかろうか」

と『忘れられた日本人』の「解説」で述べている。

この書は、宮本常一が戦前（昭和一四年）から戦後にかけて、全国をくまなく歩き、各地に残された民間伝承を調査した検証本である。

辺境の地で黙々と生きてきた「伝承者」（とくに老人たち）の生きかたのなかに、現在にも通用する「共同生活」「結」「サロン」「コーポラティブハウス」「コミュニティカフェ」という共同体を維持していくための知恵を垣間見ることができる。とくに『忘れられた日本人』のなかの「村の寄りあい」には、ヒントになる部分が多い。少し長くなるが、該当部分を引用しておこう。

「この寄りあい制度がいつ頃完成したものであるかは明らかでないが、村里内の生活慣行は内側からみていくと、今日の自治制度と大差のないものがすでに近世には各村に見られていたようである。そしてそういうものの上に年より衆が目付役のような形で存在していた。ただ物のとりきめにあたって決定権は持っていなかった。（中略）福井県敦賀《つるが》の西にある半島の西海岸をあるいていた時のことであったが、道ばたの上に小さいお堂があって、しきりに人声がするのであがってみると、十人ほどの老女がせまいお堂の中で円座して重箱をひらいて食べているところであった。きけば観音講《かんのんこう》のおこもりだとのことで、六十になるとこの仲間に入って、時々こうしておこもりしたり、また民家であつまって飲食をともにして話しあうのだという。（中略）観音講のことについて根ほり葉ほりきいていくと、『つまり嫁の悪口を言う講よの』と一人がまぜかえすようにいった。しかしすぐそれを訂正するように別の一人が、年よりは愚痴の多いもので、つい嫁の悪口がいいたくなる。そこでこうした所ではなしあうのだが、そうすれば面と向って嫁に辛《つら》くあたらなくてもすむという。

ところがその悪口をみんなが村中へまき散らしたらたまったもんではないかときくと、そういうことはせん。わしらも嫁であった時があるが、姑が自分の悪口をいったのを他人から告げ口されたことはないという。つまりこの講は年よりだけの泣きごとの講だというのである。

私はこれをたいへんおもしろいことだと思った。自らおば捨山的な世界をつくっているのである」（同書）

こうした「寄りあい制度」に桜井教授は、

「高齢者同士の『知恵の交換』がなされる。それは生きていくためのノウハウともいうべきもので、嫁姑関係、夫婦の問題、訴訟、など、他人には言えない問題を解決するための話がなされる」

「単に『ぐち』を言い合うだけの、高齢者の寄り合いも、かつての地域ではみられたようである」

「単なる楽しみのサロン活動だけではなく、一種のグループ・ワークとして、その場が機能していたことが伺われる。現代風にいえば、この場で高齢者同士がピア・カウンセリング（引用者注：職業や障害を持つなど、同じ立場にある仲間同士によって行われるカウンセリング）をし、エンパワーメント（引用者注：連帯して行動することによって自分たちの置かれた不利な状況を変えていこうとする考えかた）されて、各家々に戻っていったのであろう」（同掲ブログ）

と推測し、ここに「守秘義務の原則」が存在したと明言する。さらに、

「かつての日本には（にも）地縁・血縁の助け合いなど、ほとんど存在していなかった。あったのは今と同じく、NPO・ボランティアグループ、互助組織といった集団的な『生存戦略』なのである。こうした歴史的経緯から現在の『無縁社会』を乗り切る方策を考える意義は大いにあるだろう」（同掲ブログ）

と結論づける。

「棄老伝説」は全国に一〇〇ヶ所以上現存しているものの、遠野の「デンデラ野」と「ダンノハナ」のように、「奇妙なリアリティを感じさせる」（赤坂憲雄）棄老話は、ここをおいて他所にはない。

「棄老」の真偽を抜きにしても、民俗学という範疇を超えて語り伝えられているのは、遠野の持つ圧倒的な異様性（棄てられた老人たちが働きながら共同生活を送るという現代にも通じる「セルフヘルプグループ活動」「コーポラティブハウス」「高齢者相互扶助システム」）の存在を感じたからに他ならない。

「デンデラ野」を今日的に再構築することが可能なのかどうか、いや、可能にする以外「親は子に棄てられる」という運命に抗うことはできないだろう。現実的な「子離れ」の先にあるのは、「棄てられる親の自覚」であり、「覚悟」であり、必要とされるのは生きるための「知恵」である。

そのためにも、「生活ルネサンス（復興・再生）」を現実的なものにすることが必要不可欠だと断言したい。

運営する「ぐるり」を「コーポラティブハウス」として自覚し、血縁関係のない人たちとの交流をとおして、「好き嫌いを抜きにして互いに干渉し合い、結果として死をも共有し合い、看取り合う意識」と、「高齢者相互扶助システム」を可能にする場所として位置づけたい。

そこに「セルフヘルプグループ活動」の真の姿があると思っている。

おわりに

現在、子が親を棄てる「棄老」は、「経済的な困窮が原因のひとつ」と評されることが多い。しかし、それ以前に、家族関係そのものが崩壊していた。それをもたらしたのは、戦後復興から高度成長へと続く時代に起因している、戦後の価値観の変化である。

地方出身者が大量に都会へと流れた結果、営々と営まれてきた「結・絆」が消滅していった。彼らを収容するために急遽つくられた「狭小住宅」や「住宅輪廻」により、それまでの家族に対する考えかたの崩壊があった。大都市圏に移住した地方出身者に、新しい「結・絆」を再構築するだけの力は残されていなかった。

核家族化が進むにつれて、「家の宗教」といわれた儒教という倫理観が消滅した。

そして「親を敬う」という基本理念はどこかに消え去ってしまった。自分本位となり、家族をはじめ周囲に目をやるゆとりも失せた。その背景には「経済的貧困」の拡大という要因が大きいのだろう。必死に自分の生活を守るしかないというのが今の姿である。そうした状況下では、両親といっても、子どもたちからすれば「準他人」でしかない。ある意味、「棄老」は必然的でさえある。

若年性認知症になった六〇代の妻を、「世間体が悪い」と一方的に施設に入れようとした夫（相談者の実兄）と三人の娘の話（第5章）の後日談を紹介したい。

その後、相談者の知人の妻より連絡があり、三女は施設にはほぼ毎日面会にでかけるが、夫も残りのふたりの娘も面会にはこないという。妻（娘にとっては母親）を棄てたのだ。「普段の付き合いのなかで、家庭内が冷え切っているような様子は感じられなかった。端からみていては分からないものですね。とくに家族関係は」と相談者が述懐した。

平成二七（二〇一五）年から翌年にかけて有料老人ホーム「Sアミーユ川崎幸町」

で、入所者三人を四階のベランダから庭に投げ落とし、殺害したという事件があった。犯人の今井隼人容疑者（当時二三歳）には、「仮想的有能感」があったと思われる。「仮想的有能感」とは「いかなる経験も知識も持ち合わせていないにもかかわらず、自分は相手より優秀であると一方的に思いこんでしまう錯覚のこと」。心理学者の速水敏彦氏の造語で、彼のような比較的若い人が抱くことが多いとされる。

殺人の動機は、窃盗のもみ消し、口封じ、介護ストレスを与えた「唾棄すべき人間たち」への〝報復〟だった。おそらく「俺はこんなところで働く人間ではない。有能な俺が、人間として役立たずの入所者を始末して何が悪い」という意識が働いたのだろう。三人を抹殺することで、自分の犯した罪も、ここで働かざるを得ない自分の哀れな姿も、すべて清算できると短絡的に考えたのだ。

昭和五八（一九八三）年二月、横浜市内で起きた路上生活者殺人事件の動機も同じようなものだ。犯人は二〇歳未満の少年たちで、そのなかのひとりは、「汚い浮浪者を始末してやった。町内美化に協力してやったのに、なんで文句をいわれるのか分からない」という内容の話をしたという。

彼らに共通する差別意識と過剰な自信こそ、まさに「仮想的有能感」そのものである。救急救命士の資格を持つ今井容疑者は、犯行後、自らが第一発見者を装い、得意の心臓マッサージを施すことで、救急救命士としてのプライドを保った。自己顕示欲の強さを表にだすことで、自らの優秀さを誇示したかったのだろう。おそらく、そのときもっとも高揚した気分を味わうことができたに違いない。不安をかき消すには、「殺《や》ってない」と思いこむのではなく、「自分は不要な人たちを排除できる立場にある。なぜなら自分は他人より優秀だから」という思いこみ、すり込みを働かせることが有効だからである。

平成二八(二〇一六)年七月二六日未明、神奈川県相模原市緑区千木良にある障害者施設「津久井やまゆり園」で、侵入してきた男が、入所者一九人を殺害、職員を含め二六人(後に二七人)に重軽傷を負わせるという前代未聞の事件も起きた。「障害者は生きていても無駄」というのが殺傷の動機だと容疑者植松聖は話す。容疑者のヘイトクライム(憎悪犯罪)もまたこのふたつの事件と共通した動機を持つ。

生産性を伴わない、社会の役に立たない、お荷物の、厄介で不思議な生きものという捉えかたで、「老人不要論」「暴走老人遺棄説」を唱える高齢の友人がいる。彼は、「高齢者にカネをかけるより、この先日本を担っていく子どもにカネをかけるべきだ」と主張する。社会全体で、生産性の乏しい高齢者を「棄老」するという危険な風潮があるような気がしてならない。

信じられないだろうが、高齢者が家族や社会から崇められていた時代があった。長寿者が少ない中世期には、

「老人そのものが、人びとの願望であった長寿を具現しているというだけでなく、老人が世俗におけるいろいろな規制から解放された自由な身であり、経験の積み重ねによって得られた老いの知、その上に醸成された将来を見通す知、相対化して対象を見ることのできる目、あるいは総合的な見地から判断が下せる全体知といった、一般には神の属性と思われるような畏敬すべきものを、老人が持っていると思われていた（中略）老人の痴呆を神の自由な世界に一歩近

づいた証と捉えることができれば、痴呆老人の幻覚・幻聴に起因する発言も妄言ではなくなり、聖性を帯びたものとなる」（『痴呆老人の歴史』新村拓）

という時代があったのである。

人生五〇年といわれた江戸時代では、老後を「老いれ」といい、老いに対してのマイナスイメージはなかった。幕府や藩の重役も「大老」「老中」「家老」と呼ばれた。人生の達人という意味が込められている。

井原西鶴の『日本永代蔵』にも、「若いときには身を粉にして働き、老いたときの準備とすべし」と、「金を稼ぐのは隠居のためだ」と明言している。若いときにその生命力を使い果たしてしまうような生きかたをせず、人間としての幸福を人生の後半におき、若年時を、晩年の準備期間と捉えた。伊能忠敬、杉田玄白、上田秋成、小林一茶など、隠居後、名をなした人物も少なくない。

平均寿命が極端に短い時代には、長寿（老人）そのものに大きな価値があった。それが九〇歳に近い現在では、長寿そのものに大きな価値を見いだせなくなった。

「痴呆」が「認知症」という病気に格上げされ、認知症になることに過大な恐怖を抱くようになった。「老いることは悪」という風潮が生まれたのはいつのころからだろう。

親が子を思う気持ちは永遠のはずなのだが、子は親が期待するほど親の存在を意識していない。かつて存在していた「親子」「家族」という図式は、血族という範疇にのみ閉じ込められ、まるで「標本」のように扱われている気がする。

「小さいころのアノ子はいい子だったのに」「アレだけ可愛がり、愛していたのに」という被害者意識は捨てることだ。「子どもたちも大変だから」と忖度する気持ちのなかに見え隠れする「期待」を放棄する。それは「子に裏切られた」のではなく、「子に親を看る能力が失われてしまった」のだと考えたい。

今さら小学生に道徳教育を施しても、血族という親子関係が有機的に機能することはもはやない。「血族」より「地縁」、「家族」より「知人」を選択すべきだ。この期に及んで「みずからの不幸」という愚痴をいいあうのは愚の骨頂。介護保険などのセーフティネットを賢く利用して、多くの場所で「コーポラティブハウス」

（具体的な建物だけではなく、地域、知人・友人との関係も含めて）を建てよう。とにかく一日でも早く「子離れ」することである。

「サロン幸福亭ぐるり」の「ぐるり」に込められた思いを紹介して締め括りたい。「ぐるり」とは、「周辺」という意味である。広報誌『ぐるりのこと』、つまり「周辺のこと」という意味だ。作家梨木香歩の作品に『ぐるりのこと』というエッセイがある。版元に手紙を書き、タイトル使用の許可を得たうえで、それまでの『結通信』を『ぐるりのこと』というタイトルに変えた。

それまでは『結通信』を六〇〇〇枚印刷し、地域のほぼ全世帯に配布していた。わたしひとりのポスティングである。

「サロン幸福亭ぐるり」のコンセプトのひとつに「見守り」がある。考えてみれば、行政区としての〝地域全体〟を見守れるはずがない。せいぜい自分の住む家の周辺（ぐるり）で手一杯である。今は枚数を半分の三〇〇〇枚にして、「ぐるり（家の周辺）」に配布している。「ぐるり」のみを対象にした分、『ぐるりのこと』の編集内容を地域により密着させられたことで、広報誌の認知度が飛躍的にアップした。おかげで以前にもまして来亭者が増えた。

今後とも「コーポラティブハウス」という機能を合わせ持った「サロン幸福亭ぐるり」の力を信じていきたいと思っている。

最後になるが、平凡社新書編集部の金澤智之編集長、ならびに担当していただいた同編集部の和田康成さんには適確な助言をいただき深く感謝する次第である。

大山眞人

参考資料一覧

＊本文で出典を明記した資料は除外しました。

『もう親を捨てるしかない 介護・葬式・遺産は、要らない』（島田裕巳 幻冬舎新書）
『ブッダは、なぜ子を捨てたか』（山折哲雄 集英社新書）
『誰が日本の医療を殺すのか』（本田宏 洋泉社新書）
『楢山節考』（深沢七郎 新潮文庫）
『親の捨て方――愛憎にまみれた13人の介護記録』（高齢者を考える会 データハウス）
『ご老人は謎だらけ』（佐藤眞一 光文社新書）
『認知症をつくっているのは誰なのか「よりあい」に学ぶ認知症を病気にしない暮らし』（村瀬孝生・東田勉 ＳＢ新書）
『「遠野物語」を読み解く』（石井正己 平凡社新書）
『家族という病』（下重暁子 幻冬舎新書）
『日本辺境論』（内田樹 新潮新書）
『遠野物語』（柳田国男 角川ソフィア文庫）
『「痴呆老人」は何を見ているか』（大井玄 新潮新書）

『ルポ 老人地獄』(朝日新聞経済部 文春新書)
『暴走老人!』(藤原智美 文藝春秋)
『「空気」の研究』(山本七平 文春文庫)
『他人と暮らす若者たち』(久保田裕之 集英社新書)
『日本会議の正体』(青木理 平凡社新書)
『いちばんはじめのボランティア』(小倉常明・松藤和生編著 桜井政成・他著 樹村房)
『ボランティア・NPOの組織論』(田尾雅夫・川野祐二編著 桜井政成・他著 学陽書房)
『S病院老人病棟の仲間たち』(大山真人 文藝春秋社)
『もしもし、生きてていいですか?』(篠原鋭一 ワニブックス)

【著者】
大山眞人（おおやま　まひと）
1944年山形市生まれ。早稲田大学文学部卒業。出版社勤務を経て、ノンフィクション作家。おもな著書に『取締役宝くじ部長』『S病院老人病棟の仲間たち』（ともに文藝春秋）、『老いてこそ二人で生きたい』『夢のある「終の棲家」を作りたい』（ともに大和書房）、『悪徳商法』（文春新書）、『銀座木村屋あんパン物語』『昭和大相撲騒動記』『団地が死んでいく』（以上、平凡社新書）、『宝くじ戦争』『スタインウェイ戦争』共著（ともに洋泉社新書 y）などがある。

平凡社新書904

親を棄てる子どもたち
新しい「姨捨山」のかたちを求めて

発行日——2019年2月15日　初版第1刷

著者———大山眞人
発行者——下中美都
発行所——株式会社平凡社
東京都千代田区神田神保町3-29　〒101-0051
電話　東京（03）3230-6580［編集］
　　　東京（03）3230-6573［営業］
振替　00180-0-29639
印刷・製本—株式会社東京印書館
装幀———菊地信義

ISBN978-4-582-85904-1
NDC分類番号367.3　新書判（17.2cm）　総ページ240
平凡社ホームページ　http://www.heibonsha.co.jp/